MÉMOIRE
A CONSULTER
SUR CETTE QUESTION,

QUELLES SONT, D'APRÈS LA LOI, SELON LES RÈGLES DE L'ÉQUITÉ, ET SOUS LE RAPPORT DE LA CONSCIENCE, LES OBLIGATIONS DES ÉMIGRÉS, DES FAMILLES DES CONDAMNÉS ET DE LEURS AYANT-DROIT, ENVERS CEUX DE LEURS CRÉANCIERS QUI ONT ENCOURU LA PRESCRIPTION ?

PAR M. LE COMTE BONPAR DE MÉLIGNAN.

> Et le créancier sera donc traité comme si rien n'eût péri, et le débiteur comme si rien n'eût été sauvé
> *(Discours de M. de Sesmaisons, prononcé à la chambre des députés à la séance du 15 mars 1826.)*

A AGEN,
DE L'IMPRIMERIE DE PROSPER NOUBEL.

M DCCC XXVII.

AVERTISSEMENT.

Lorsque j'ai pris la plume, je n'avais d'abord eu le projet que de faire une simple note que je me proposais d'adresser à un des créanciers de l'oncle dont j'étais destiné à recueillir l'héritage, qui, ayant laissé prescrire sa créance, avait manifesté l'intention d'entrer en arrangement avec moi, et m'avait demandé, par l'intermédiaire d'un tiers, de lui faire connaître les conditions auxquelles j'entendais que cet arrangement eût lieu. Ayant appris, sur ces entrefaites, que d'autres créanciers de la même catégorie, qui avaient rejeté l'offre que je leur avais fait de les payer dans la proportion de l'indemnité allouée, cherchaient à répandre, dans la ville que j'habite, des insinuations dont ma susceptibilité pour tout ce qui touche à la délicatesse ne pouvait s'accommoder, j'eus la pensée de faire insérer dans le Journal de Lot-et-Garonne un article explicatif de ma conduite.

La question que j'avais à traiter s'étant présentée à moi sous toutes ses faces, ainsi que les raisons qui militant en ma faveur se pressaient en foule dans mon esprit, j'eus bientôt rempli plusieurs pages, et je ne tardai pas à reconnaître que cet article dépasserait de beaucoup les bornes d'un journal; alors je résolus d'en faire l'objet d'une brochure, et de lui donner la forme peut être insolite d'un plaidoyer. Mais n'avais-je pas été cité au tribunal de l'opinion? Mon honneur n'exigeait-il pas que je me défendisse devant ce tribunal redoutable? Et d'ailleurs la question qui allait occuper mes loisirs n'était-elle donc pas digne de lui être déférée?

J'ai résumé les diverses objections qui m'ont été faites sur ce sujet dans les discussions verbales et les conversations particulières auxquelles j'ai pris part; et après les avoir placées dans l'ordre où je me proposais de les combattre, j'y ai joint ensuite ce que j'ai imaginé que l'on pouvait dire de plus spécieux dans l'intérêt des créanciers,

J'ai cru ne devoir dédaigner aucun des argumens qui m'ont été opposés, par la raison que, quelque faibles qu'ils soient, il se pourrait néanmoins qu'ils eussent laissé, dans certains esprits faciles à se laisser prévenir, des traces qu'il m'importe d'effacer; car, bien que de toutes les personnes n'ayant pas un intérêt direct à la chose, je n'en aie rencontré qu'une seule qui ne fût pas de mon avis, (ce qui a dû me faire penser que j'aurai pour moi, dans ce singulier procès, au moins la majorité des suffrages,) je ne me dissimule cependant pas que les créanciers intéressés dans cette controverse, que je désespère de convaincre, parce que les démonstrations les plus évidentes échoueront toujours devant l'intérêt personnel et la passion, qui ne raisonnent jamais; je ne me dissimule pas, dis-je, que ces créanciers, qui sont en très-grand nombre, et parmi lesquels on compte sans doute des notabilités, sont loin d'être sans influence sur le public qui va me juger.

Peut-être trouvera-t-on que je soulève trop fréquemment, dans cet écrit, des questions politiques et morales; mais, indépendamment de ce qu'elles naissent du sujet et viennent d'elles-mêmes se rattacher à toute discussion ayant pour objet la loi d'indemnité, elles corroborent encore les raisons tirées du droit naturel et légal que je donne; et puis je me suis dit: Si, lorsque l'on a la certitude, la conscience de la justesse, de la moralité, de l'utilité, de la nécessité d'une opinion politique, il est du devoir d'un homme de bonne foi, d'un honnête homme, de l'adopter; il est aussi de celui d'un bon citoyen, quand il n'est pas paralysé de l'organe de la parole et qu'il sait tenir une plume, de proclamer cette opinion et de chercher par tous les moyens légaux possibles à la répandre. Les hommes accoutumés à réfléchir, qui, ayant observé les rapports que les idées ont entr'elles, connaissent leur filiation, auront déjà senti que, de ce principe posé, devait naturellement découler l'éloge des Emigrés: s'il revient souvent dans cet écrit, c'est la suite de l'intime conviction que de profondes réflexions m'ont données que, pour éviter une nouvelle révolution, bien plus encore dans l'intérêt de ceux qui ont tout gagné à celle qui vient d'être consommée, que dans celui des personnes qui, ayant au contraire tout perdu, sembleraient n'avoir rien à craindre d'un nouveau changement. On ne saurait trop exalter le mérite des Emigrés, à qui il n'a pas tenu que le bouleversement qui s'est opéré, n'eût pas lieu; il faudrait même, s'il était possible, qu'on pût les récompenser des efforts qu'ils firent alors. Le fait opposé qui malheureusement résultait de l'ordre de choses existant avant que la loi du 27 avril eût été rendue, serait un germe révolutionnaire lancé dans l'avenir qui, tôt ou tard, aurait son développement...

J'ai dû aussi, dans le but que je me proposais, présenter les créanciers sous le point de vue le moins favorable, c'était une nécessité de ma position ; mais si tout ce que je dis concernant leurs actes politiques pendant la révolution n'est pas toujours pour tous rigoureusement vrai, c'est du moins toujours vraisemblable. Or, il n'en faut pas davantage pour prouver à la fois la justesse et l'opportunité de ma proposition. A quoi devais-je tendre en effet ? A établir que les Émigrés avaient, auprès du gouvernement actuel, quelque peu intéressans qu'ils pussent être d'ailleurs personnellement, et quelque reprochable même qu'eût été depuis leur rentrée en France leur conduite, un mérite particulier, un mérite de position, un mérite qui s'attache uniquement et exclusivement à leur titre d'émigré, mérite par conséquent auquel ne peuvent prétendre les créanciers, lesquels, en les supposant tous doués des qualités sociales les plus désirables et de toutes les vertus privées, n'auraient pas, comme créanciers, plus de droits que les autres citoyens à la bienveillance royale. Il s'ensuit de là que si l'article 18 de la loi du 27 avril pouvait renfermer quelque passage qui ne fût pas suffisamment expliqué, il devrait être interprété plutôt à l'avantage des Emigrés qu'à celui des créanciers, à qui le gouvernement ne doit qu'une justice exacte, stricte, et non pas des faveurs ; une justice relative, et non pas absolue. Le contraire résulterait cependant des prétentions de ces derniers; car, si elles étaient écoutées, ils seraient, presque dans tous les cas, ainsi que nous le prouvons dans le corps de cet ouvrage, entièrement dédommagés des pertes que leur causa la confiscation, tandis que les Emigrés, qui souvent n'auraient rien, ne pourraient jamais recevoir qu'une indemnité plus ou moins incomplète.

Je n'ai pu m'empêcher de suivre sur le terrain où ils m'entraînaient, ces créanciers qui se sont constitués mes adversaires : si donc, pour répondre à toutes leurs objections, que j'avais à cœur de combattre, j'ai été contraint d'aborder des questions souvent ardues ; si je me suis trouvé quelquefois engagé avec eux dans de longs raisonnemens, dont quelques-uns peut-être paraîtront un peu subtils, que l'on ne perde jamais de vue qu'ils vont tous aboutir au même point, et que, dans l'intérêt de ma défense, j'ai dû me servir des armes avec lesquelles on m'attaquait. Il me semble, sur-tout lorsque je songe que, cité aussi par les créanciers devant les tribunaux judiciaires, j'ai déjà eu et aurai encore à me défendre contre eux, moi qui, jusqu'à présent, étais resté tout-à-fait étranger à la science des lois, il me semble que ma situation ressemble un peu à celle d'un de ces paladins du moyen âge qui, pris au dépourvu par un ennemi discourtois, serait parvenu à le battre à son tour avec l'arme inaccoutumée qu'il lui aurait arrachée dès le commencement du combat.

Je n'ai plus maintenant qu'un mot à dire sur la méthode que j'ai suivie dans la rédaction de cet ouvrage et sur l'ordre dans lequel j'ai présenté mes idées : c'est parce que nous vivons dans un temps où l'on cherche à tout confondre, dans un temps où toutes les nuances tendent, en se dégradant insensiblement, à s'effacer pour aller se perdre dans une couleur générale ; c'est parce que, enfin, ce que l'on peut faire légalement, et ce qu'on devrait faire moralement et consciencieusement, ne sera bientôt plus aux yeux des hommes qu'une seule et même chose, que j'ai cru devoir les distinguer ici, et envisager la question sous ces deux points de vue si souvent différens ; ce qui a nécessité la division de mon travail en trois chapitres, parce que j'avais encore à examiner la position de l'héritier d'un émigré, qui est précisément celle dans laquelle je me trouve.

Pour écrire la première partie de ce Mémoire, je n'ai eu à consulter que les simples notions du bon sens et quelques articles du Code ; mais ce n'a été qu'après avoir long-temps médité sur ce que l'on doit aux autres et sur ce que l'on se doit à soi-même ; ce n'a été qu'après m'être bien pénétré des devoirs particuliers qui résultent de ma situation sociale et de ceux que m'impose le nom que je porte, qu'une action déloyale ne souilla jamais ; ce n'a été, enfin, qu'après m'être dit que le sang qui circule dans tout mon être vient de la même source, est celui même qui coula toujours pur dans les veines du noble preux qui me donna le jour, que, la main sur la conscience, j'en ai tracé la seconde et la troisième parties, où est renfermée la règle de ma conduite.

Ma première pensée, en en exposant au public les motifs, a été de déjouer les complots des méchans ; et la seconde celle d'être utile à mes compagnons d'infortune, que j'ai cherché à éclairer sur leurs devoirs et leurs droits. Si j'ai atteint ce double but, je m'applaudirai d'avoir publié ce Mémoire.

MÉMOIRE

A CONSULTER.

PREMIÈRE PARTIE.

Les Créanciers des Émigrés, porteurs de titres antérieurs à la confiscation, sont-ils par la loi du 27 avril, relevés de la prescription qui pèse sur tous ceux qui ont laissé écouler trente années sans faire d'actes conservatoires ?

PRÈS de deux ans se sont écoulés depuis que la loi concernant l'indemnité à accorder aux émigrés a été rendue ; et cependant, s'il fallait en croire quelques personnes intéressées, l'opinion indépendante de sa nature, l'opinion qui n'attendit jamais pour se former les décisions judiciaires, serait encore indécise sur cette question : « Les émigrés sont-ils » tenus de payer à ceux de leurs créanciers qui » ont encouru la prescription, les dettes contrac- » tées avant leur dépossession ? »

Des jugemens contradictoires sur la matière, que n'a pu confirmer ni détruire la cour de cassation, puisqu'on est encore à attendre des tribunaux intermédiaires un arrêt relatif aux appels auxquels ces jugemens ont donné lieu, ayant laissé sur ce point la jurisprudence incertaine,[1] nous allons, usant de notre droit constitutionnel, nous livrer à l'examen approfondi de cette importante question, qui est toute du domaine de la discussion et ne cessera de l'être que le jour où la cour suprême, à qui seule appartient le droit de fixer irrévocablement le sens trop souvent obscur des lois, aura fermé la lice qui jusqu'alors demeurera ouverte à toutes les controverses.

Nous tirerons les preuves dont nous appuyerons notre opinion; 1.° du titre, de la dénomination de la loi elle-même; 2.° de son énoncé; 3.° de son objet et de son but publiquement et solennellement proclamé par chacun des trois pouvoirs qui ont concouru à sa formation : enfin nous opposerons à nos contradicteurs, cet axiome presque aussi ancien que le monde, puisqu'il est contemporain des premières lois qui ont régi les premiers hommes réunis en société : « qu'une loi ne peut être abrogée que par une loi nouvelle. »

On dit : « L'indemnité qui va être payée aux » émigrés est la représentation des biens qu'ils » possédaient : donc elle doit être passible des mê- » mes charges et grevée des mêmes dettes ; et ces » dettes ne peuvent sous aucun prétexte subir de » réduction, puisque la loi du 27 avril n'en fait » nulle mention : la preuve, au contraire, que le » législateur entendait que ces créances fussent » entièrement acquittées par les émigrés, à concur- » rence de leur indemnité, c'est que le Gouver- » nement déduit de cette indemnité le montant » total des dettes qu'il a payées pour eux. Pourquoi

1 L'arrêt de la Cour Royale d'Agen n'avait pas été rendu, lorsque ce mémoire a été écrit.

» les créanciers dont les droits sont égaux aux siens » seraient-ils placés dans une position différente » et plus désavantageuse ; pourquoi un certain » nombre d'entr'eux serait-il intégralement payé tan- » dis que les autres supporteraient une réduction? »

Nous répondrons : De ce qu'une indemnité a été accordée aux émigrés ; indemnité qui, remarquez-le bien, se compose juste du produit des ventes qui furent faites de leurs biens, lequel produit devait être nécessairement infiniment au dessous de la valeur réelle de ces immeubles, parce que le pouvoir d'alors, ayant, comme tout ce qui est illégitime, l'inquiète prévision de sa fin prochaine, vivait au jour le jour, faisant bon marché de la fortune publique qu'il prodiguait sans s'enquérir d'un avenir dans lequel il savait qu'il ne pouvait exister; de ce qu'une indemnité, disons-nous, a été accordée aux émigrés, il ne s'ensuit pas que le Gouvernement prétende entièrement avec trente millions de rente, les dédommager des pertes immenses que leur causa la confiscation. En vain diriez-vous : « l'indemnité est intégrale ; » ces expressions, qui ne seraient pas conformes à la vérité, ne sont pas non plus dans la loi : le Législateur au contraire, en affectant par l'article II [1] un fonds de réserve à la réparation des inégalités résultant des différentes bases adoptées pour la répartition de l'indemnité, a reconnu par là quelle était insuffisante pour atteindre ce but; cependant nous dirons avec vous : l'in-

1 « Lorsque le résultat des liquidations aura été connu, les sommes restées libres sur les trente millions de rente déterminés par » l'article 1er. seront employées à réparer les inégalités qui auraient pu » résulter des bases fixées par le présent article, suivant le mode qui » sera réglé par une loi. »

demnité est intégrale, mais seulement relativement au Gouvernement; l'indemnité est intégrale en ce sens, que par elle il débarrasse ses caisses, il purge le trésor et purifie ses mains qui ne pouvaient être plus long-temps souillées de cet or mal acquis que lui légua l'usurpation; le Gouvernement du Roi très-chrétien ne veut pas de ce honteux héritage, il le répudie en entier et abandonne jusqu'au dernier écu et par conséquent intégralement le montant, aux émigrés dont un grand nombre en attendant ce faible secours reçoit en ce moment le pain de la charité dans les refuges de l'indigence où vont aboutir à la fois et l'aumône de la pitié et les restitutions, fruits salutaires mais tardifs du repentir.

Puisque l'indemnité n'est pas intégrale et qu'elle ne peut même pas l'être, il est évident qu'elle ne représente pas ou du moins qu'elle ne représente que bien imparfaitement les propriétés confisquées sur la tête des émigrés, qui leur donnaient des facultés pécuniaires bien supérieures à celles qu'ils attendent de cette indemnité : il ne serait donc pas seulement injuste, mais il serait encore absurde de leur imposer les mêmes charges, lorsqu'ils n'ont plus les mêmes moyens d'y satisfaire.

La loi ne parle plus, dites-vous, de réduction, nous en convenons; mais, comme elle ne prononce pas non plus d'exception en faveur des anciens créanciers des émigrés, ils restent dans le droit commun; et les dispositions contenues dans l'article 2262 du code civil [1] qui dit que toute

1 « Toutes les actions, tant réelles que personnelles, sont prescrites par trente ans, sans que celui qui allègue cette prescription soit obligé d'en rapporter un titre, ou qu'on puisse lui opposer l'exception déduite de la mauvaise foi. »

dette prescrit au bout de trente ans, subsistent dans toute leur vigueur contre ceux de ces créanciers qui n'ayant pas fait d'actes conservatoires, se trouvent à la discrétion des émigres, qui peuvent également faire peser sur eux les rigueurs de la presription trentenaire.

« Le Gouvernement porte, dites-vous, en compte aux émigrés les dettes payées pour eux, et » en déduit le montant de l'indemnité allouée ; ce » qui annonce qu'il entend que les créanciers dont » les droits sont égaux aux siens, reçoivent aussi le » montant total de leurs créances. » C'est donc par induction que vous tranchez, que vous jugez la question qui nous préoccupe ! une simple et légère induction ! une induction dont la justesse est toujours plus ou moins contestable, l'emporterait selon vous dans la balance de la justice, sur les décisions les plus formelles et les plus authentiques; c'est-à-dire que, de votre autorité privée, vous associeriez votre propre ouvrage à l'œuvre du Législateur, ou plutôt que vous vous constitueriez Législateur vous-même, puisqu'en donnant une extension qu'elle ne peut avoir, à une disposition restreinte en elle-même et bornée à son objet, vous ajouteriez de fait à la loi nouvelle une nouvelle disposition qui viendrait infirmer et détruire les effets d'une loi ancienne et positive ; et où en serions-nous s'il pouvait en être ainsi ; la société qui repose toute entière sur les lois qui la régissent, ne serait-elle pas ébranlée dans ses fondemens ?

Nous allons, en continuant la réfutation des objections qui nous sont faites, non seulement considérer la lettre de la loi du 27 avril, mais encore rechercher son véritable esprit : nous observerons si dans sa rédaction elle ne présente rien qui paraisse le contrarier, ou dont le sens équivoque pût donner lieu à une double interprétation ; mais nous dirons avant tout à nos adversaires : la conséquence que vous tirez de ce que les dettes payées pour les émigrés par l'État sont déduites de leur indemnité, n'est pas juste, car elle ne pourrait l'être qu'autant que le Gouvernement aurait pu se dispenser d'en user ainsi ; qu'autant qu'entre plusieurs moyens qui se seraient offerts à lui pour l'amener à son but, qui était de ne donner aux émigrés que ce qu'avait produit la vente de leurs biens, il aurait choisi précisément celui qui lui a été imposé par la nécéssité ; et encore dans cette supposition, la plus favorable à votre opinion, ne pourrait-on juger que par analogie : resterait toujours à résoudre cette question d'analogie, resterait toujours à savoir si les droits du Gouvernement et ceux de tous les créanciers sont en tout semblables : qu'aurez-vous donc à répondre lorsque par un simple chiffre nous vous aurons démontré que le moyen auquel le Gouvernement a eu recours n'a pu être l'effet de son choix, puisqu'il était le seul qu'il lui fût possible de prendre ? renoncerez-vous alors aux inductions que vous tirez, ou persisterez-vous à vouloir absolument voir, dans ce qui a pu être du domaine de sa volonté, l'expression, le témoignage de sa volonté même?

Nous allons prendre pour base de notre calcul le milliard alloué, en supposant que la moyenne des lésions résultant des ventes plus ou moins désavantageuses qui furent faites de leurs biens, soit 50 pour 0/0, et que les dettes payées pour les émigrés s'élèvent à deux cents millions ; il en résulterait, si le Gouvernement subissait une réduction proportionnelle, c'est-à-dire s'il réduisait les déductions aux proportions de l'indemnité réelle, qu'il se trouverait à découvert de cent millions, attendu, qu'en définitive, il aurait donné onze cent millions : savoir ; neuf cent millions aux émigrés, et deux cent millions à leurs créanciers, tandis qu'il n'aurait en réalité touché qu'un milliard.

« Mais pourquoi partager les créanciers en deux » catégories, et pourquoi les uns ne toucheraient-» ils rien ou éprouveraient-ils une réduction, tan-» dis que les autres seraient intégralement rem-» boursés? » Pourquoi? Parce que cela est naturel, parce que cela est juste, [1] parce que cela est légal ; cela est naturel, comme il est naturel que celui qui a semé recueille, et que celui qui n'a pas semé ne recueille pas ; cela est juste, comme il est juste que celui qui a commis une faute subisse la punition qui y est attachée, et que celui qui ne l'a pas commise ne la subisse pas ; cela est légal, parce que des lois depuis long-temps promulguées,

1 Cela est juste du Gouvernement aux particuliers, parce qu'indépendamment du terme de 30 ans fixé par les lois anciennes, il a eu le droit d'en assigner un autre plus rapproché à ses créanciers, pour les demandes et les réclamations à faire : on lui contestera d'autant moins ce droit, que l'on sentira qu'il ne pouvait pas avoir connaissance des titres de créance : enfin, il est aussi juste que celui qui a fait les démarches nécessaires à la conservation de sa créance soit payé et que celui qui ne les a pas faites ne le soit pas, qu'il l'est que l'émigré qui aura présenté sa pétition en demande d'indemnité et y aura joint les pièces à l'appui, touche cette indemnité, et que celui qui a laissé écouler un an, dix-huit mois ou deux ans, selon le lieu de sa résidence, sans se mettre en régle, ne touche pas celle qui lui aurait été dévolue. Quant à la justice *relative* aux particuliers et à leurs obligations consciencieuses envers les créanciers, nous ne voulons pas, en faisant ici notre profession de foi là dessus, anticiper sur le deuxième et le troisième chapitres de cet écrit que nous avons uniquement consacrés à cette partie délicate de la quêstion.

que n'ont abrogé aucune disposition nouvelle, disent que toute dette prescrit au bout de trente ans, et que les créances sont périmées après ce terme : il ne serait donc pas naturel, il ne serait pas juste, il ne serait pas légal que ceux qui sont restés oisifs et n'ont par conséquent fait aucune démarche pour obtenir le paiement ou du moins assurer la conservation de leurs créances ; que ceux enfin dont les titres sont devenus caducs par l'effet de leur négligence, jouissent des avantages dus à ceux qui ont fait les diligences, qui ont pris la peine et se sont donnés les soins nécessaires pour parvenir à cette fin : autant vaudrait, s'il en était autrement, décerner le prix de la course à celui qui serait demeuré stationnaire, et soutenir qu'il a touché le but, lorsqu'il est évident qu'il n'a pu être atteint que par celui qui a fourni la carrière.

« Les droits du Gouvernement et ceux de tous » les créanciers sont semblables. » Eh quoi ! celui qui a encouru la prescription, parce qu'il ne s'est pas présenté pour recevoir le paiement qui lui fut offert par une loi spéciale rendue à cet effet, aurait les mêmes droits que le Gouvernement qui n'a pu laisser prescrire les siens, par la raison bien simple qu'il n'était pas créancier des émigrés, et que dans le cas où il l'eût été, il n'aurait pu agir sur lui-même! Nous pensons que l'absurdité d'une semblable proposition, qui porte en elle sa réfutation, n'a pas besoin d'être démontrée ; et qu'on ne nous dise pas que c'est par ménagement, par égard et par respect pour les émigrés ou leur famille infortunée que les créanciers de cette catégorie ne se sont pas présentés : malgré que nous ayons le malheur d'appartenir à cette classe de Français, que l'on dit être frappés d'ignorance et d'incapacité, par la raison sans doute que depuis le commencement de la Monarchie jusqu'à nos jours, inhabiles à faire fortune, ils n'ont jamais su que servir leur Roi et prendre entre tous les partis celui où il y avait toujours le plus d'honneur à acquérir et le moins d'argent à gagner, nous ne sommes cependant pas tellement crédules et tellement niais qu'il fût si facile de nous faire croire à ces motifs : nous ne pouvons donc, quelque bon esprit que nous ayons d'ailleurs, mettre sur le compte de la courtoisie et du désintéressement des créanciers, ce qui ne doit être attribué qu'au peu de confiance que l'on avait dans les assignats, à leur peu de valeur et peut-être au fanatique enthousiasme qui régnait à cette funeste époque parmi les aveugles amans d'une liberté décevante qui dut porter ceux d'entr'eux qui le partagèrent, à faire de leurs créances l'objet d'une *patriotique* offrande, tandis que les autres, qui eurent sans doute alors la prévision des événemens futurs, commençant à entrevoir à travers les désordres de l'anarchie, dans un lointain et nébuleux avenir, quelque chose qui ressemblait à la justice, ne voulurent point user de leurs droits, afin de pouvoir les exercer par la suite plus utilement et dans toutes leurs rigueurs contre les émigrés. Or, s'ils se sont trompés sur la date de la restauration ou sur l'époque où l'indemnité devait être allouée, et que la conséquence de cet anachronisme ait été pour eux la prescription des titres de leur créance, la faute en est-elle aux émigrés ! et n'est-il pas tout simple que ces victimes de l'injustice sur lesquelles ont pesé de tout leur poids pendant un tiers de siècle les lois révolutionnaires, veuillent enfin jouir du bénéfice de la première qui leur soit favorable et qu'ils profitent de la faculté qu'elle leur laisse de réduire leurs créances à de justes proportions en les mettant en rapport avec l'indemnité réelle ! La situation du Gouvernement et ses droits concernant l'indemnité, ne peuvent donc être comparés qu'à ceux de ce petit nombre de créanciers qui ayant fait en temps opportun tout ce qu'il fallait pour parvenir au remboursement de leurs créances, ne l'ont cependant pas obtenu par l'effet de circonstances particulières indépendantes de leur volonté ; et alors nos adversaires devront convenir que le Législateur ne pouvait, sans encourir le reproche fondé d'avoir deux poids et deux mesures, rendre la condition de ces créanciers différente de celle du Gouvernement dont les droits et la position relativement à l'indemnité sont égaux aux leurs ; ce qui rentre naturellement dans ce que nous avons dit sur la justice et la nécessité qu'il y avait de créer parmi les créanciers ces deux catégories qui existent de fait dans la loi du 27 avril. D'ailleurs la dénomination de cette loi qui indique si bien son objet et son but, qu'avaient déjà fait connaître et le discours de la couronne et les débats parlementaires auxquels elle a donné lieu, suffiraient, sans avoir recours à d'autres moyens, pour prouver que le Législateur n'a pu entendre, ainsi qu'on le prétend, indemniser intégralement ces créanciers négligens, tandis que les émigrés ne recevraient qu'un dédommagement plus ou moins incomplet ; car c'est à cet absurde résultat que viendraient aboutir en définitive les raisonnemens de nos adversaires. Que si l'on niait ce résultat, en disant que la rente de leurs capitaux ne leur étant payée qu'à 3 p.[r] 0/0, les créanciers perdraient 2 ; nous prouverions toujours que dans la pensée du Législateur et dans le système d'après lequel la loi a été conçue, l'indemnité serait pour eux intégrale ; et nous n'aurions pour cela qu'à rappeler qu'il fut posé en principe, lors de la présentation du projet de loi sur la réduction de la rente qui précéda de si peu celle que nous examinons, que le taux commun et ordinaire de l'argent en France était 3. p-o/o ; principe qui, pour être contestable et avoir été en effet contesté par la minorité des deux chambres, n'en fut pas moins adopté par elle, au moins implicitement, puisque la loi même à laquelle il servait de base fut rendue.

Il faudrait, pour que nos adversaires fussent fondés en droit, que l'intitulé, que le titre de la loi du 27 avril, sur lequel nous revenons, ce titre toujours énonciatif de son objet, et qui par conséquent doit en être considéré comme le texte, portât : « Loi concernant l'indemnité due et ac- » cordée à tous les créanciers des anciens pro- » priétaires de biens fonds confisqués et vendus » au profit de l'Etat. » Il faudrait encore que les articles de la loi, qui ne sont jamais que le développement de son texte, tendissent tous dans celle que nous discutons, et sans nulle déviation, vers ce but, qui serait alors d'indemniser les créanciers. La conséquence qui en découlerait serait que les émigrés n'entrant alors que subsidiairement dans la loi, ne seraient pas admis à réclamer l'indemnité, mais bien ces premiers, lesquels, d'après la jurisprudence établie, ne le sont que dans les cas prévus par l'article 1166 du Code civil.[1] Or, le créan-

1 « Néanmoins les créanciers peuvent exercer tous les droits et » actions de leur débiteur, à l'exception de ceux qui sont exclusive- » ment attachés à la personne. »

cier exerçant alors le droit qu'il aurait de prélever sur l'indemnité le total de sa créance, il s'ensuivrait que ce qui resterait à l'émigré ou à son ayant-droit serait souvent réduit à zéro ; il faudrait, enfin, que, par un article spécial et *ad hoc*, conçu en termes précis, les créanciers des émigrés fussent relevés de la prescription trentenaire, laquelle, sans cela, continuerait à peser sur ceux d'entre eux qui n'auraient pas fait d'actes conservatoires, et les priverait du bénéfice de la loi, encore que dans l'hypothèse elle n'eût été faite que dans leurs intérêts ; mais il n'en est pas, il ne peut en être ainsi, puisque, dès son début, la loi du 27 avril annonce que c'est aux émigrés et aux condamnés qu'est destinée l'indemnité ; puisque les dispositions particulières de chacun de ses articles, depuis le premier jusques au dernier, se rapportent exactement à cette intention générale de la loi ; puisque, sur vingt-quatre articles dont elle se compose, il n'est question des créanciers que dans un seul, l'article 18 ; puisque, enfin, cet article 18 ne prononce pas d'exception en faveur des créanciers des émigrés.

Mais, nous dit-on : « la loi du 27 avril est elle-» même, dans son objet, dans son ensemble et dans » toutes ses parties, une exception, une déro-» gation absolue et générale au droit commun : elle » n'avait donc que faire de prononcer, pour ceux » à qui elle doit profiter, des exceptions parti-» culières. » Comment la loi d'indemnité, qui dérive directement de la Charte ; la loi d'indemnité, qui n'est que la conséquence de l'article 10, ou plutôt qui n'est que l'application faite aux émigrés des dispositions de cet article, dont le temps et la force des choses devaient nécessairement amener l'exécution, exécution que quelques difficultés financières et des considérations particulières d'un ordre élevé, n'avaient pu que retarder ; la loi d'indemnité enfin que Charles X nous a donnée et qui nous fut promise par celui qui connaissait si bien et les besoins et le vœu de la France, recevrait une qualification devenue odieuse? Eh! dites aussi que la Charte fut une exception : oui, sans doute, elle fut une exception, mais aux lois sanguinaires que l'anarchie, la terreur et le despotisme firent peser tour à tour sur notre malheureuse patrie ! !......

Nos adversaires, qui veulent absolument que la loi du 27 avril soit empreinte d'un caractère exceptionnel, prétendent que l'article 10 de la Charte ne peut regarder que ceux dont l'Etat s'est emparé de la propriété, pour un objet d'utilité publique ; « or, disent-ils, les émigrés ne possédant plus » de fait les immeubles dont jouissent les tiers » qui les ont acquis, il n'y avait pas lieu à les » indemniser puisque le Gouvernement actuel ne » profite de rien sur eux : leur spoliation étant » l'effet d'une confiscation depuis long-temps » consommée. »

Nous convenons que les émigrés ne possèdent plus de fait les domaines dont ils ont été dépouillés ; mais leurs droits, leurs droits auxquels la force n'a pu porter atteinte et contre lesquels sont venus se briser les traits de la violence ; leurs droits dont l'extinction ne peut avoir lieu que par un acte de leur volonté, subsistent toujours et subsisteront dans toute leur intégrité jusques au jour où ils recevront en échange les inscriptions de rente dont l'acceptation équivaudra à une renonciation formelle de leurs droits qui ne seront réellement et légalement éteints qu'alors ; alors donc, mais alors seulement, les acquéreurs de leurs biens en deviendront propriétaires *incommutables* ; au reste, le mot *dûe*, qui se trouve dans l'article 1.er de la loi d'indemnité et la quotité de cette indemnité qui se compose du produit de la vente des biens des émigrés, dont le Gouvernement opère par là autant qu'il est en lui la restitution, prouvent évidemment que telle a été la pensée du Législateur.

« Il s'ensuivrait de là, reprennent nos adver- » saires, que le Roi n'aurait pas eu le pouvoir de » confirmer les ventes des biens nationaux ; » A Dieu ne plaise que nous le pensions ainsi ! Cependant nous dirons : un Gouvernement quelconque, même celui qui n'aurait d'autre appui que la force, pourrait par la force même et par la force seule en maintenir les effets pendant un espace de temps plus ou moins considérable ; mais un Gouvernement légitime, scrupuleux, timoré de sa nature ; un Gouvernement légitime qui travaille, non seulement pour la génération présente, mais encore pour les générations à venir, a des mesures à garder, des précautions à prendre, des formalités à observer, disons-le, des devoirs à remplir ; lors donc qu'il se croit obligé ou qu'il entre dans ses vues, de laisser exister en tout ou en partie l'œuvre de l'usurpation, il faut avant de l'adopter, qu'il en efface la tâche originelle ; qu'il le marque du sceau qui seul peut lui imprimer un caractère de durée ; qu'il le rende semblable à lui, homogène pour ainsi dire avec lui, enfin légitime comme lui : c'est ce que devait faire et c'est ce que fit aussi Louis XVIII lorsqu'il plaça dans la charte les dispositions de l'article 10, en vertu desquelles une indemnité devait tôt ou tard être payée aux émigrés. Cependant on n'en soutient pas moins que l'article 10 ne leur est pas applicable « par la rai- » son, dit-on, que les lois ne peuvent rétroagir. » Eh ! que parle-t-on de rétroagir ! Ne sait-on donc pas que la restauration fut une ère nouvelle pour la France ; que tout à cette époque y fut renouvelé, le Gouvernement, les lois et même les mœurs ? Si les souvenirs sont muets, qu'on interroge l'histoire ; l'histoire, qui dès-lors enregistra sur ses pages immortelles le mémorable événement de 1814, répondra : « Un grand Roi ! grand par ses propres » vertus ; un grand Roi, sur le front duquel se » réfléchissait dans tout son éclat la gloire de ses » illustres aïeux, fut rendu à son peuple : rétabli » dans la plénitude de sa puissance, ce Roi » qui ne *relève*, ainsi que vient de le procla- » mer le ministère public dans une cause ré- » cente et célèbre, *que de Dieu et de son* » *épée*, va-t-il continuer d'exercer, comme le » firent ses ancêtres pendant quatorze siècles, » l'immense pouvoir que lui conféra sa naissance ? » Non ; loin de ressembler au commun des hommes » qui tendent sans cesse à donner de l'extension à » leurs droits et à reculer les bornes de leur auto- » rité, ce Roi philosophe faisant à son siècle dont » il avait étudié et dont il connaissait si bien » l'esprit, une large concession, abdique en faveur » de ses sujets une partie de sa souveraineté : un » nouveau Gouvernement va surgir de ce nouvel » ordre de choses ; approprié à l'époque, il n'aura » pour objet ni de nous faire rétrograder vers un

» passé qui n'est plus, ni de nous lancer dans » un avenir qui n'est pas encore, pour y devancer » une hâtive civilisation : trois pouvoirs habilement combinés entr'eux et si exactement pondérés qu'ils se balanceront sans cesse, seront les » élémens dont il se composera; enfin la Charte, la » Charte fruit des profondes méditations du Roi législateur; la Charte, que sa sagesse prépara pendant les longs jours de l'adversité dans les pénibles veilles de l'exil; la Charte, où sont écrits nos » droits et nos devoirs politiques, est octroyée »...

Alors s'opéra cette grande *novation:* cette novation générale dont nous venons de parler; car ce n'était plus dans les décrets de la république et dans les sénatus-consulte de l'empire anihilés par le seul fait de l'entrée de Louis XVIII dans sa Capitale, que pouvaient se trouver les lois régulatrices de nos différends et les garanties de nos droits politiques transportées en entier dans la Charte qui les renferme toutes, ce n'est que dans la Charte, devenue le palladium de nos libertés publiques, que l'on doit chercher aussi le principe des lois civiles qui nous régissent, qui doivent en être la conséquence; envain celles rendues sous les gouvernemens précédens dont les dispositions ont été maintenues, portent-elles encore pour mémoire les dates des diverses époques qui les ont produites; adoptées par la légitimité qui purifie tout ce qu'elle touche, par la légitimité qui leur *impartit*, s'il nous est permis de nous exprimer ainsi, ce sacrement qui les rendit semblables à elle, elles sont devenues, en changeant de nature, contemporaines de la restauration; c'est donc de la restauration qu'ont pris date, la loi de confiscation et les autres de la même origine qui ne furent pas abrogées. Si l'on niait la vérité du principe que nous avançons et que l'on contestât la justesse des inductions que nous en tirons, nous dirions toujours et l'on ne pourrait nous démentir, qu'il est positif qu'un gouvernement de fait ne peut agir que sur le fait ; incapable de conférer un droit qu'il n'a pas, encore moins a-t-il pu en dépouiller les uns pour en gratifier les autres : les droits des émigrés sur les biens que leur ravirent l'injustice et la violence sont donc demeurés intacts jusques à l'époque de la restauration, comme l'étaient jusques à la signature du traité fait avec St.-Domingue, ceux du Gouvernement Français sur la souveraineté de cette île, et ceux des colons sur les habitations que leur enlevèrent les négres révoltés : et certes ces droits, quoiqu'on en puisse dire, n'étaient pas une illusion, car la régence d'Haïti n'a pas cru les acheter trop cher en les payant cent cinquante millions qui représentent cependant la moitié des revenus de la colonie, puisque le capital équivaut à sept millions cinq cent mille francs de rente, et qu'il est à peu près démontré que les revenus annuels du Gouvernement de St-Domingne ne dépassent pas quinze millions : d'où nous concluons, que la charte seule a pu donner aux acquéreurs des biens dits nationaux des droits qu'ils n'avaient pas avant sa publication; et nous disons qu'elle a pu les leur donner, parce qu'elle a été octroyée par un roi légitime et parce qu'immédiatement après l'article 9 qui prononce la confiscation des droits des émigrés, vient l'article 10 qui alloue à ces derniers l'indemnité due ; car c'est alors qu'elle a été réellement allouée : la loi du 27 avril n'étant à notre avis que règlementaire, fixative de l'indemnité.

Cette loi n'est donc pas, ainsi qu'il plaît à nos adversaires de le dire, une loi d'exception; elle n'est même pas une loi nouvelle, puisqu'elle existait implicitement dans la charte et qu'elle est partie intégrante de cette loi fondamentale avec laquelle les autres doivent toujours se coordonner.

Que si, malgré les preuves que nous venons de donner, on persistait à dire que la loi du 27 avril est une loi d'exception, nous dirions : lorsqu'en pleine restauration, sous l'empire de la Charte et sous le règne des Bourbons, il existait encore une loi ayant eu pour objet d'infliger une punition au serviteur fidèle qui abandonna tout pour suivre dans l'exil le Roi qui nous gouverne et celui qui nous rendit la paix et le bonheur; eh bien! c'est à cette loi révolutionnaire, c'est à cette loi dont les déplorables effets subsisteront à jamais; c'est à cette loi, qui pour toujours a stigmatisé la France, qu'était due une qualification si improprément donnée à celle qui vient l'abroger; d'ailleurs, si la loi du 27 avril était, comme on le prétend, une loi d'exception, isolée de celles qui l'ont précédée, elle en serait aussi indépendante; par conséquent, point d'antécédens qui pussent la dominer; point d'interprétation à laquelle elle pût être sujette; l'interprétation étant en matière judiciaire le rapport que l'on cherche entre l'article et le paragraphe inexpliqué d'une loi dont il s'agit de faire l'application et une autre loi qui lui est préexistante : elle ne serait pas sujette à l'interprétation, disons-nous, parce que placée en dehors de la règle, tout en elle devrait être précis, tranchant et spécial; ainsi séparée qu'elle serait de cette chaîne qui lie les unes avec les autres les décisions législatives dont se compose notre Code, elle se suffirait seule, puisqu'elle renfermerait en elle-même tout ce qui serait nécessaire à son action : or, nous demandons si ces conditions, dont la réunion est indispensable pour constituer une loi d'exception, se trouvent dans celle que nous discutons ; nous pensons au contraire que, bien qu'elle appartienne à un autre ordre d'idées, la loi d'indemnité, soumise à toutes les investigations, doit être sans cesse considérée dans ses rapports, non-seulement avec les lois qui régissaient avant elle la matière ou des espèces analogues, mais encore avec toutes celles qui l'ont précédée ; en telle sorte que l'on puisse, lorsqu'il y a lieu à interpréter ce qu'elle renferme d'indéterminé, remonter par les analogies jusques à la pensée du législateur pour y rechercher sa véritable intention. Quant aux exceptions qui, dans les lois nouvelles, sont ce qui tend à sortir de la ligne tracée et à s'éloigner des principes consacrés par les précédens, il faut toujours, pour qu'elles puissent déroger au droit commun, qu'elles soient formellement et explicitement exprimées ; la preuve en est dans la loi du 27 avril même, de laquelle ne sortirait pas son plein et entier effet, si elle ne disposait que l'on ne pourra opposer aux émigrés les incapacités résultant pour eux des lois révolutionnaires ; [1] ainsi,

1 » Seront admis à réclamer l'indemnité, l'ancien propriétaire, et » à son défaut, les Français qui étaient appelés par la loi ou par sa volonté » à le représenter à l'époque de son décès, *sans qu'on puisse leur » opposer aucune incapacité résultant des lois revolutionaires* ; leur » rénonciation ne pourra leur être opposée que par les héritiers qui à » leur défaut, auraient accepté la succession. Il ne sera dû aucun » droit de succession pour les indemnités réclamées dans les cas du » présent article et de l'article 3. »

dans le cas où l'art. 7 ne renfermât pas la phrase sacramentelle « sans qu'on puisse leur opposer » les incapacités, résultant pour eux des lois » révolutionnaires, » bien que l'intention du législateur, qui voulait effacer autant que possible les traces de la confiscation, fût de donner à l'indemnité, en cas de mort de l'émigré, la destination qu'aurait eu l'immeuble qu'elle représente, il est clair qu'elle arriverait à l'héritier du sang au préjudice de l'héritier institué ; et pour ce qui concerne les émigrés relativement à leurs créanciers, il est également évident qu'ils seraient tenus d'acquitter tous les intérêts arriérés et de payer le capital de leurs dettes à raison de cinq pour cent, si par l'art. 18 le législateur ne les avait explicitement affranchis de cette obligation et ne leur eût donné la faculté de diminuer pour l'avenir de deux cinquièmes ces mêmes intérêts.

Mais examinons attentivement cet article 18, le seul où il soit fait mention des créanciers, et voyons si nos Adversaires ont pu, dans l'intérêt de leur cause, en tirer quelqu'argument qui soit sinon solide, du moins spécieux : après l'avoir rapporté textuellement, nous en extrairons ensuite ce qui nous paraîtra de nature à devoir être controversé.

TITRE V.

Des droits des créanciers relativement à l'indemnité.

« Les oppositions qui seraient formées à la » délivrance de l'inscription de rente par les

» créanciers des anciens propriétaires, porteurs » de titres antérieurs à la confiscation non liquidés » et non payés par l'Etat, n'auront d'effet que » pour le capital de leur créance; les anciens » propriétaires ou leurs représentans auront droit » de se libérer des causes de ces oppositions, en » transférant auxdits créanciers sur le montant » de la liquidation en rente trois pour cent, un » capital nominal égal à la dette réclamée; ces » créanciers exerceront leurs droits suivant le rang » des priviléges et hypothèques qu'ils avaient sur les » immeubles confisqués; l'ordre ou la distribution » seront faits, s'il y a lieu, quel que soit le juge » de la situation desdits biens, devant le Tribunal du domicile de l'ancien propriétaire, ou » devant le Tribunal dans le ressort duquel la » succession s'est ouverte.

Des droits des créanciers relativement à l'indemnité.

Ce titre seul n'annonce-t-il pas que la loi entend apporter par une disposition nouvelle aux droits des créanciers des émigrés un changement quelconque? N'annonce-t-il pas que l'art. 18 a par conséquent pour objet d'étendre ou de resserrer le cercle qui les renferme? N'annonce-t-il pas enfin une législation spéciale, qui devra modifier pour les uns et pour les autres les effets de l'ancienne? S'il en était autrement, il est évident que cet article serait inutile, puisque les droits des créanciers des émigrés se trouvaient déjà réglés par les lois qui ont fixé depuis long-temps ceux des créanciers en général sur tout ce qui pourrait advenir à leurs débiteurs. [1]

Maintenant qu'après avoir démontré que la loi du 27 avril n'était pas exceptionnelle, nous venons cependant d'établir et de prouver par le fait même de son existence, que l'art. 18 de cette loi est une innovation, il ne reste plus qu'à voir au profit de qui elle a été faite ; c'est ce que nous dira sans doute l'art. 18 lui-même que nous allons consulter : « Les oppositions qui seraient formées à la dé- » livrance de l'inscription de rente par les créan- » ciers des anciens propriétaires, porteurs de titres » antérieurs à la confiscation, non liquidés et non

1 Car nous ne doutons pas, nous qui néanmoins sommes loin de partager l'opinion de M. Portalis et de ses adhérens, qui prétendent que les créanciers des émigrés sont implicitement relevés par l'article 18 de la prescription ; nous ne doutons pas qu'ils ne le soient de la déchéance prononcée contre eux par un décret de 1808 ; et notre opinion se fonde sur ce raisonnement tout à fait conforme à la justice et à l'équité : que le temps ou les créanciers ont négligé, soit de remplir les formalités ou de faire les démarches prescrites par le décret de 1808, soit de se présenter au gouvernement pour en être payés, dans les délais ou aux époques fixés par le décret, étant antérieur à sa date, ils n'ont pu accomplir les conditions de ce paiement qu'ils ne connaissaient pas et qu'on ne leur a fait connaître qu'après coup et lorsqu'ils n'étaient plus à temps de les remplir ; conditions, cependant, qui étaient les seules qui dussent les garantir de la déchéance : tandis qu'ils n'ont jamais pu prétendre cause d'ignorance des lois d'après lesquelles est établie la prescription ; lois préexistantes aux décrets révolutionnaires dont se compose le *code des émigrés*, qui n'ont été que la conséquence ou le corollaire de la loi de confiscation détruite par celle du 27 avril : il eût donc été presque aussi injuste de ne pas relever les créanciers de la déchéance, qu'il le serait d'oter aux émigrés le droit qu'ils ont d'invoquer la prescription contre ceux de ces mêmes créanciers qui n'auraient pas fait les actes nécessaires à la conservation de leur créance lorsque rien ne les en empêchait.

Ce principe que nous avons établi relativement à la déchéance « que » l'on ne doit pas être puni de n'avoir pas fait ce que l'on n'a pu faire, » doit être appliqué aussi aux hypothèques que la loi d'indemnité, en sa qualité de *loi de justice*, a dû nécessairement faire revivre, puisqu'elles n'avaient été éteintes que par la violence et par conséquent sans le consentement du créancier qui n'avait pu s'opposer à leur mort.

» payés par l'Etat, n'auront d'effet que pour le » capital de leurs créances. » Nous observerons d'abord que ce qui concerne les créanciers, est aussi vague, qu'est précis et absolu tout ce qui, dans la loi, est relatif aux intérêts des émigrés : nous disons que ce qui concerne les créanciers est vague, parce que rien ne détermine la situation et n'indique les cas où ils auront le droit de faire des oppositions dont le mérite d'ailleurs est toujours conditionnel : nous disons que ce qui concerne les créanciers est vague, parce que rien non plus ne fait connaître les conditions qui doivent valider et rendre efficaces ces oppositions. Ainsi, bien que des vues exceptionnelles aient présidé à la rédaction de l'art. 18, il n'en est pas moins vrai que, par le fait, il cesse ici d'être une exception, du moins pour ce qui regarde les créanciers, puisque la loi nouvelle se taisant, ou ne s'expliquant pas assez clairement, ce qui est la même chose, sur les droits de ces créanciers et leur exercice, on serait toujours forcé de les rejeter dans le droit commun, où ceux d'entre eux qui auront manqué d'activité et de prévoyance, trouveront toujours cette pièce d'achopement qu'ils ne peuvent éviter (la prescription trentenaire); d'où il résulte que tout le positif du passage de l'article que nous citons, se réduit en définitive à cette disposition, uniquement à l'avantage des émigrés : « Les oppo-» sitions n'auront d'effet que pour le capital de » leur rente; » et encore faut-il, pour qu'elles puissent agir fructueusement sur ce capital, que les oppositions soient faites dans les formes voulues et qu'elles aient été précédées des démarches prescrites par les lois antérieures, qui fixent les droits de tous les créanciers, et règlent pour les divers cas le mode de poursuites. Mais ces conditions, disent nos Adversaires, « sans lesquelles, selon » vous, ne pourraient être valables les oppositions » que les créanciers ont à faire, sont le non » paiement de la créance et sa non liquidation. » Sa non liquidation ! C'est donc à dire que ce qui accuse plus que toute autre chose la négligence d'un créancier, ce qui frapperait de nullité toute autre opposition que celle faite contre un émigré, serait au contraire la condition de l'admission de celle qui, s'interposant entre la justice et le malheur, viendrait intercepter le morceau de pain destiné à ce vieux soldat de Condé, qui laissa dans les champs de la Germanie, où errait alors la monarchie française, une partie de son être qu'il perdit à Bertsheim en combattant pour elle sous la même bannière que ses ayeux défendaient aussi à Bouvines et à Ivri ; à ce vieux soldat de Condé qui sacrifierait encore aux Bourbons les restes de son existence ; à ce vieux soldat de Condé qui s'écrierait toujours avec le Vendéen, son compagnon d'infortune et de fidélité, *Vive le Roi...... quand même....* !

Que l'on cesse donc de calomnier une loi qui, sortie toute entière de la pensée royale, doit porter le cachet de sa noble origine ; que l'on cesse de calomnier une loi qui ne peut qu'être juste, puisque celui qui la conçut fut lui-même un modèle de justice et de sagesse ; que l'on cesse enfin de calomnier une loi qui, si elle ne peut réparer d'irréparables infortunes, parviendra du moins, en les soulageant, à en adoucir le douloureux souvenir !

« Cependant les expressions *non liquidés et non*

» *payés par l'Etat*, peuvent encore, disent nos » Adversaires, s'appliquer aux créances dont les » titres ne consistent qu'en des polices informes » et des billets sous seing privé, lesquels ne » présentant pas de dates certaines, furent rejetés » par la commission de liquidation. » Eh! pensez-vous que les créanciers de cette catégorie soient beaucoup moins répréhensibles que les autres? L'art. 10 de la Charte et cette voix intérieure qui crie au fond des consciences que rien de ce qui est injuste n'est durable, ne devaient-ils pas les avertir qu'une indemnité était réservée aux émigrés? Qui les empêchait alors de se mettre en règle vis-à-vis d'eux; n'ont-ils pas eu dix ans pour se pourvoir? dix ans pour faire à leur débiteur une simple citation devant le Juge de Paix, qui eût suffi pour interrompre la prescription? Qu'ils portent donc la peine due à leur négligence; et d'ailleurs dans ce siècle où tout est calcul, où tout est spéculation; dans ce siècle où l'intérêt matériel domine tout, est le mobile de tout, ne serait-il pas d'une bonne et prévoyante politique qu'il en coûtât quelque chose à celui qui a pu croire que la fidélité, cette première de toutes les vertus publiques, devait être constamment punie sur la terre! Il importe au repos de la société que cette opinion immorale, cette opinion perturbatrice, cette opinion qui, nous ne craignons pas de le dire, accusait à la fois et la justice de Dieu et le cœur des Bourbons, cesse enfin d'être encouragée!

« Les anciens propriétaires, ou leurs repré- » sentans, auront droit de se libérer des causes » de ces oppositions en transférant auxdits créan- » ciers sur le montant de la liquidation trois pour

» cent un capital nominal égal à la dette réclamée. » Nous ne nous étendrons pas sur ce passage de l'art. 18, dont le sens est trop clair, pour que l'on puisse douter qu'il ne soit plus favorable encore que celui qui le précède, aux émigrés, qu'il libère de fait des 2/5 de leur dette, puisque le créancier qui leur aura prêté 100,000 fr. ne recevra d'eux ou de l'Etat, que l'équivalent de 60,000 francs.

« Ces créanciers exerceront leurs droits suivant » le rang des priviléges et hypothèques qu'ils » avaient sur les immeubles confisqués. »

Cette disposition qui ne fait que confirmer pour les créanciers des émigrés, celles, qui, dans les lois précédentes, ont réglé l'ordre d'après lequel doivent se présenter les créanciers en général, prouve, ce que nous avons déjà dit, que l'art. 18 est exceptionnel; car sans cela, le législateur n'aurait pas eu besoin de répéter ce que la jurisprudence a depuis long-temps consacré. Mais qu'importe à la cause que nous défendons, que l'art. 18 soit ou ne soit pas une exception, puisque dans le premier cas se trouvant indépendant de la règle établie, qui par conséquent ne pourrait lui être appliquée, ce qu'il renfermerait d'indéterminé ne pourrait être expliqué que par le principe de la loi même et de la loi seule dont il fait partie et d'après l'intention générale de cette loi qui évidemment est toute en faveur des émigrés; et que, dans le second, étant soumis au contraire à l'autorité des précédens, il faudrait, pour que les émigrés ne pussent pas opposer avec succès la prescription à ceux de leurs créanciers qui l'ont encourue, que ces derniers en fussent explicitement relevés dans l'article de la loi qui les concerne. Quoiqu'il en soit donc, puisque la loi ne définit pas d'une manière particulière les droits des créanciers de cette catégorie, il est clair que, hors les modifications qu'ont apportées à ces droits les deux dispositions à l'avantage des émigrés, que nous venons d'examiner, elle entend qu'ils soient les mêmes que ceux des autres créanciers, et qu'il n'y soit par conséquent rien ajouté ; d'ailleurs, si le législateur avait jugé à propos de les étendre, et c'est ce qu'il eût fait s'il avait relevé ces créanciers de la prescription, il aurait exprimé cette volonté comme il a manifesté celle opposée, lorsqu'il les a privés des intérêts arriérés de leurs capitaux et qu'il a diminué de deux cinquièmes les intérêts de ces capitaux, en autorisant les émigrés à les payer avec des valeurs trois pour cent.

Nos contradicteurs n'ont peut-être pas songé qu'en voulant priver les indemnisés de la faculté qu'ils ont d'opposer aux créanciers négligens la prescription, ils tendent à préjudicier des tiers, qui tout à fait étrangers à l'émigration, ne pourraient, dans la supposition même où elle serait encore considérée comme un crime, en subir la punition. Ces tiers, dont nous voulons parler, sont les créanciers hypothécaires qui marchent en 2.e, 3.e et 4.e lignes, etc., etc., etc., qui gagneront un rang immédiatement au-dessus de celui qu'ils avaient, lorsque celui qui occupait le premier se sera laissé déchoir ou qu'il aura encouru la prescription. De quel droit, dirait alors le second hypothécaire qui invoquerait pour son propre compte contre le premier la prescription, dans le cas où l'indemnité n'égalant pas les dettes (et ce cas se présenterait souvent), l'émigré se serait mis de côté, [1] de quel droit voudrait-on me frustrer d'un avantage que les lois anciennes m'ont donné et que la loi nouvelle me conserve, puisqu'elle ne me le prohibe pas ?

En définitive, la loi du 27 avril, aussi explicative qu'une loi puisse l'être, ayant dit tout ce qu'elle a voulu dire, n'a rien laissé à l'interprétation ; témoin l'art. 7 déjà cité, par lequel les émigrés sont explicitement relevés des incapacités résultant des lois révolutionnaires, encore que le législateur eût positivement fait connaître son intention par le mot *due*, contenu dans l'art. 1.er, duquel il résulte que la loi du 27 avril n'étant pas une loi de grâce, mais bien une loi de justice, l'indemnité doit avoir la destination qu'aurait eu l'immeuble qu'elle représente, et par conséquent parvenir à l'héritier institué. Il est à remarquer que ces mots « sans qu'on puisse leur opposer » les incapacités résultant des lois révolution- » naires » que l'on trouvera peut-être superflus dans l'art. 7, seraient insuffisans dans l'art. 18, s'ils y avaient été introduits avec l'intention d'établir, en faveur des créanciers, l'exception revendiquée pour eux ; car, ce n'est point des lois révolutionnaires que résultent les incapacités de ceux qui ont encouru la prescription, puisqu'elles remontent à l'époque où nous étions régis par le droit écrit et par les lois romaines qui les ont prononcées.

[1] La loi veut, au terme de l'art. 2225 du Code civil, que le créancier puisse même invoquer, du chef de son débiteur, contre un autre créancier la prescription, malgré le silence et malgré le refus du débiteur.

Nul doute donc, nous le répétons, que le législateur, s'il eût voulu sortir les créanciers des émigrés du droit commun et les relever de la prescription qui pèse sur tous ceux qui ont laissé écouler trente années sans faire d'actes conservatoires, n'eût exprimé cette volonté d'une manière aussi claire et aussi précise qu'il l'a fait, lorsque dans le même article, voulant favoriser les émigrés, il les dispense du paiement des intérêts arriérés et leur donne la faculté de se libérer du capital avec des valeurs trois pour cent, qui ne représenteront cependant que 60,000 fr. à celui qui en aura prêté 100,000.

Ici doit se terminer ce que nous avons à dire de particulier sur l'article de la loi qui regarde les créanciers des émigrés, attendu que nous avons démontré que de cet article, réduit à sa plus simple expression, il ne restait que la disposition qui leur enlève les intérêts arriérés de leurs capitaux, que la législation ancienne leur assurait, et celle qui réduit pour l'avenir les intérêts de ces mêmes capitaux à trois pour cent; d'où il est facile de conclure qu'il vaudrait mieux pour eux que l'art. 18 ne subsistât pas, puisque loin d'ajouter à leurs droits, il en retranche au contraire une partie essentielle. Mais nous demanderons à nos Adversaires eux-mêmes s'il eût été naturel, s'il eût été juste que les frais de la révolution eussent été supportés en entier précisément par ceux qui en furent les victimes? Nous leur demanderons s'il eût été juste que ceux qui firent tous leurs efforts pour l'étouffer dès sa naissance; que ceux qui n'ont cessé de la combattre, eussent seuls payé les frais de cette révolution pour eux seuls onéreuse, tandis qu'elle a été profitable à tant d'autres? Eh! s'il était vrai que les familles des condamnés dussent aussi un tribut à la révolution, n'auraient-elles pas acheté assez cher, en les payant de leur sang et de leurs larmes, ces funestes bienfaits!

Nous ne contesterons certainement pas que les trois pouvoirs législatifs réunis n'aient la force suffisante, s'ils en avaient la volonté, bien qu'ils n'en eussent pas le droit, d'être injustes, inhumains et absurdes, et ils auraient été tout cela, si la loi du 27 avril était telle que la font nos Adversaires; mais serait-il possible qu'ils eussent eu à la fois cette étrange volonté? et lors même qu'un esprit de vertige ce serait emparé de la chambre haute et des mandataires de la nation, devrait-on supposer qu'un Bourbon eût pu sanctionner une loi semblable; il faudrait pour nous faire croire une chose aussi extraordinaire, une chose aussi contre nature, des preuves plus claires que le jour; et l'on voudrait au contraire que cette exception que l'on réclame pour les créanciers, cette injuste exception qui n'est nulle part dans la loi, et à l'existence de laquelle on aurait peine à croire si elle y était, lors même qu'elle y serait formellement exprimée, fût sous-entendue!

Rentrant dans la discussion générale de la loi, nous dirons, pour compléter la conviction de ceux qui pourraient encore avoir quelqu'incertitude sur son véritable esprit, que depuis 1814 les émigrés ont été, sous ce rapport, l'objet de la constante sollicitude du Gouvernement qui les protégea contre leurs créanciers; car on doit se rappeler que sous le ministère même de MM. Decazes et Gouvion

Saint-Cyr, laquelle, sans contredit a été de toutes les époques de la restauration, celle où la tendance du Gouvernement paraissait être la moins favorable aux anciens amis de la monarchie, il fut accordé aux émigrés, rentrés en vertu de la loi du 5 décembre 1814, en possession de leurs biens invendus, un sursis pour le paiement de leurs dettes ; sursis que prolongea long-temps la bonté royale ; on doit se rappeler encore que plusieurs Cours du royaume rendirent, au sujet des contestations qui s'élevèrent après l'expiration de ces délais, entre les émigrés et leurs créanciers, des arrêts tous plus ou moins favorables aux victimes de la révolution, et qu'elles furent même jusqu'à décider que l'émigré rentré dans ses biens, *n'était pas tenu de ses dettes* ; [1] on doit se rappeler enfin que les débats des chambres ont positivement établi que la loi d'indemnité ne s'appliquait qu'aux pertes foncières, ce qui motiva le rejet des pétitions ayant pour objet la demande en réparation de toute autre perte que celles de cette espèce : or, les pertes que les créan-

[1] Nous pourrions citer entre autres ceux des Cours royales de Monpellier et de Dijon, et les jugemens des tribunaux de première instance de cette dernière ville et de Charolles ; mais pour ne pas rendre trop volumineuse cette brochure, nous nous contenterons de donner ici les motifs de l'arrêt rendu par la Cour royale de Dijon.

Un émigré réintégré, en vertu de la loi du 5 décembre 1814, dans une portion de ses biens qui se trouvait invendue, est traduit devant le Tribunal de première instance de Dijon, par un de ses créanciers, pour qu'il ait à lui payer 30,000 francs qu'il lui devait antérieurement à son émigration ; intervient, le 30 août 1820, un jugement de ce Tribunal qui ordonne « avant faire droit » que dans le délai de trois mois l'émigré produirait un état détaillé de tous les biens meubles et immeubles dont le Gouvernement s'était emparé par suite de la confiscation prononcée contre lui, en donnant à chaque article de cet état la valeur vénale de 1790 ;

Qu'à la suite du même état, cet émigré désignerait aussi, par article, tous les biens qui lui ont été rendus en exécution de la

ciers des émigrés ont supportées, ne sont-elles pas de même nature que celles des créanciers de l'État qui virent réduire au tiers, les uns, les fonds qu'ils avaient placés sur lui, les autres, le montant des cautionnemens et de la finance attachés à des charges pour la perte desquelles ils n'ont pas reçu de dédommagement, bien qu'ils les eussent souvent acquises à titre onéreux; alors, pourquoi dans le silence de la loi, croire, contre toute vraisemblance, que les créanciers des émigrés aient pu paraître plus recommandables aux yeux du Gouvernement que les siens propres, qu'il n'a pas jugé à propos d'indemniser; nous ferons remarquer en outre que dans une espèce à peu près semblable, les colons de Saint-Domingue n'ont été assujétis, dans la loi qui a été rendue en leur faveur, au paiement de leurs dettes, que dans la proportion de l'indemnité qu'ils vont recevoir; peut-on donc supposer, lorsque surtout on songe que Louis XVIII, à son arrivée sur le sol de la patrie, couvrit de son égide tutélaire les émigrés réintégrés dans leurs biens invendus, peut-on

loi du 5 décembre 1814, en donnant aussi à chaque immeuble la valeur de 1790; « pour, a la vue dudit état que le créancier » pourrait contester, dans le délai de trois mois, à dater de la » signification qui lui en serait faite, être statué ce qu'il appar- » tiendra. »

Le Tribunal, par cette décision, préjugeant que l'émigré serait tenu de payer une partie de ses dettes dans la proportion de la valeur des biens qui lui avaient été remis, celui-ci a interjeté appel de ce jugement, parce qu'il a prétendu ne rien devoir au créancier, qui a interjeté aussi appel de son côté, parce qu'on ne lui avait pas adjugé la totalité de sa créance.

Faisant droit a l'appelation interjetée par ledit émigré, la Cour royale de Dijon a, par arrêt du 14 avril 1821, jugé qu'il n'était nullement tenu des dettes contractées avant sa mort civile, lors même qu'il lui aurait été fait remise de la totalité des biens confisqués sur sa tête.

supposer que ceux qui n'ayant rien sauvé du naufrage de la révolution ont réellement tout perdu ; que ceux qui, bannis du toit paternel, ont aussi vu le champ héréditaire passer à toujours en des mains étrangères ! que ceux sur la tête desquels se sont appesanties depuis la restauration, douze années de plus, écoulées pour eux et pour eux seuls, dans le malheur et dans le silence de la résignation ; que ceux qui, dans l'absence de tout autre moyen de subsistance, ont dû nécessairement ajouter de nouvelles dettes à celles contractées avant leur dépossession, puissent être, pour le Gouvernement actuel, l'objet d'un intérêt moindre que le furent leurs anciens compagnons d'infortune, qui n'eurent à supporter aucune des lésions résultant, dans l'indemnité allouée, de la réduction de la rente et de la modicité du prix des ventes, puisqu'ils furent remis en possession des biens même ou de partie des biens confisqués sur leur tête ; peut-on supposer que les colons, dont nous sommes loin de contester l'infortune, en aient été plus accablés, et soient par conséquent plus dignes de l'intérêt d'un Gouvernement réparateur, que les enfans des condamnés, de ces touchantes victimes de nos discordes civiles, qui furent de nos jours les martyrs de leur foi politique, comme les premiers chrétiens le furent en d'autres temps de leur foi religieuse ! peut-on supposer en un mot que le colon, dont les malheurs ont été sans doute bien grands, mais dont la volonté fut toujours étrangère à la cause de ces malheurs, puisse avoir aux yeux de Charles X plus de mérite que le serviteur fidèle qui quitta tout pour le suivre et le servir encore dans l'exil ! Non, c'est ce que l'on ne croira jamais, et c'est cependant ce que l'on dit, lorsque l'on soutient que la loi veut que les émigrés et les fils des condamnés, paient intégralement, quoiqu'il en soit, les dettes contractées avant leur spoliation, [1] tandis que les colons, dans

[1] Mais voyons ce que dit là-dessus M. Mestadier lui-même qui dans la séance du 12 et du 13 mars, est cependant celui qui a soutenu avec le plus d'acharnement l'opinion contraire aux intérêts des émigrés.

« Chez les Romains » dit-il « la déportation éteignait la dette, » le débiteur ne pouvait être poursuivi; plus de novation possible. » Si le déporté était rappelé dans sa patrie sans qu'on lui restituât ses » biens, les créanciers ne pouvaient pas le poursuivre. J'ai toujours » adopté pour mon compte les principes de la Cour de Dijon. Un » exemple fameux s'est présenté dans l'antiquité. Un négociant de » Florence fut déporté; il avait une grande fortune, fruit de son » industrie et de son économie. Il se réfugia à Naples, et là il » accrut encore sa fortune; ses créanciers le suivirent à Naples et » voulurent le contraindre; mais il fut décidé qu'on n'avait pas le » droit de le poursuivre, parce que la déportation éteignait la » dette. Mais si le Prince, en rappelant un déporté dans sa patrie, » lui restituait ses biens, alors nulle difficulté; le débiteur devait » être poursuivi. Il y a plus, c'est que le débiteur rappelé n'avait » pas même le droit de s'affranchir de la poursuite de ses créanciers » en refusant les biens qui lui étaient restitués; il n'en était pas » moins poursuivi sur ses biens personnels, même sur ceux qu'il » pouvait avoir acquis pendant la déportation. Si une partie de ses » biens était seulement rendue, par exemple, le tiers, le quart, » le cinquième, le débiteur n'était obligé de payer *que dans la* » *proportion de ses biens.* ». . . . .

. . . .

Examinons maintenant ce qu'a dit sur le même sujet le rapporteur de la commission de la Chambre des Députés.

« Retiré en un pays hospitalier (le négociant de Florence) et là, » poursuivi pour ses dettes antérieures à la proscription, il invoque » le principe que l'événement qui l'avait frappé de la mort civile » le libérait de ses dettes; par suite du même principe, en rentrant » dans la vie civile, dans sa patrie, il était obligé de payer ces » mêmes dettes *dans la proportion des biens qu'il aurait recouvrés.* » La loi romaine que l'on a citée, et qu'on a, je ne sais pourquoi, » accolée à une loi de 1793, que nous n'invoquons pas, le décide » expressément; il y a plus, des Cours l'ont jugée, et comme d'au- » tres ont statué différemment, nous avons eu l'honneur de vous » exposer, dans le rapport de la commission, la nécessité de faire » cesser cette incertitude des Magistrats.

la loi qui les concerne, ne sont tenus qu'au paiement proportionnel.

Mais examinons jusqu'à quel point sont intéressans les créanciers pour lesquels on revendique un privilége, ces créanciers qui semblent avoir absorbé toute la sensibilité de nos Adversaires et avoir épuisé leur commisération, en telle sorte qu'ils sont sans pitié pour le fils infortuné que Robespierre rendit orphelin, et pour l'émigré qui peut-être tomba d'inanition à la porte de l'antique château où il naquit et où il ne lui est plus permis d'aller mourir!!...... Qu'ont-ils donc fait ces créanciers dont ils aient tant à se glorifier et dont les

» Nous ne vous proposons pas de faire ce qu'a fait l'arrêt de » la Cour de Dijon, qui a jugé que les émigrés ne devaient rien » pour leurs dettes antérieures à la confiscation. . . . .

. . . .

» Nous avons proposé de traiter le créancier, antérieur à la confis- » cation, *précisément comme vous traitez le débiteur.* Mais nous » sommes loin de penser qu'on ait droit d'abuser de ce que nous » proposons. Si, postérieurement à son retour, par exemple, l'émi- » gré a fait un acte dans lequel il a reconnu l'existence de la dette » qui avait été déclarée nationale et ensuite frappée de déchéance : » ce ne sera pas le cas de lui appliquer les dispositions de l'a- » mendement, parce qu'il s'est lui-même imposé une loi conven- » tionnelle depuis son retour. . . . . . . , ...

. . . .

» Nous nous sommes fondés sur un état de législation existant.

» Les biens des émigrés n'ont pas été les seuls qui aient été » déclarés nationaux ; leurs dettes n'ont pas été les seules qui aient » été déclarées dettes nationales. On a fait la même chose pour » les dettes et les biens des communes, des hospices et des fabriques.

» Or, quel est l'état de la législation relativement aux dettes des » fabriques, des hospices, des communes, qui, après la confiscation, » sont rentrés dans leurs biens non vendus ? Les avis du Conseil » d'Etat, revêtus du caractère qui les range parmi les lois qu'a » maintenues l'art. 68 de la Charte, ont décidé que les hospices » et les fabriques, quoiqu'ils eussent recouvré leurs biens non vendus, » n'étaient pas tenus de leurs dettes antérieures à la confiscation, » et que ces dettes étaient restées exclusivement dettes de l'Etat. » Ces avis sont des 8 thermidor an 13 et 9 décembre 1810. On » ne dira pas, sans doute, qu'il existe de différence entre les

Bourbons doivent leur tenir tant de compte ; ont-ils volontairement sacrifié à leur cause ce que leur coûte la révolution ? Ont-ils dit, par exemple, à ce jeune guerrier qui, guidé par le drapeau des lis, suivait gaiement, en 1791, le chemin de l'honneur qui conduisait alors à Coblentz ? car c'était là qu'étaient nos Princes ; ont-ils dit au guerrier fidèle qui bientôt devait aller joindre cette petite armée de Condé, si *grande* au jour des combats, cette petite armée de Condé dans laquelle se trouvaient concentrées à cette étrange époque toutes les forces de la monarchie de Louis XIV !..... lui ont-ils dit à ce guerrier fidèle : « Ne pouvant

» particuliers et les corps moraux qui sont habiles à acquérir, à
» procéder, à contracter des dettes, et susceptibles d'être poursuivis
» pour le paiement de ces mêmes dettes, les décisions que vous
» avez rendues hier, repoussent victorieusement cette prétention
» insoutenable.

» Une foule de décisions du Conseil d'Etat ont jugé de même
» relativement aux communes. Je me bornerai à vous citer deux
» ordonnances récentes et rendues sous le Gouvernement du Roi.

» La ville de Rochefort avait acheté deux maisons pour les faire
» servir au logement des troupes et elle en devait le prix au ven-
» deur, lorsque, par l'effet de la confiscation des biens des com-
» munes, ces deux maisons devinrent biens nationaux ; la ville de
» Rochefort en recouvra la possession pour les consacrer au même
» service de caserne ; à l'époque où les communes ont été réintégrées
» dans leurs biens non vendus, elle les recouvra comme en 1814.
» Les émigrés ont recouvré leurs biens non vendus. Le créancier
» a réclamé son paiement contre la commune ; et certes, il était
» favorable, il était vendeur, il réclamait le prix d'une chose dont
» il ne s'était dessaisi que sous la foi du paiement.

» Le Conseil d'Etat jugea que la ville de Rochefort, en recouvrant
» ces maisons, n'était pas obligé de payer le prix qu'elle devait,
» parce que cette dette était devenue dette nationale, et comme
» cette créance avait été frappée de déchéance, le créancier fut
» éliminé par décision du 28 mars 1821. La même chose a été
» décidée le 24 décembre 1823 à l'occasion d'une commune qui
» était rentrée dans la possession de son église, et à laquelle on
» demandait 6,000 francs pour des travaux faits avant la confisca-
» tion. » . . . .

. . . .

» payer de notre personne, nous vous prions de » recevoir cet or que vous nous rendrez, si vous » le pouvez, au retour de la sainte croisade. » Si leur conduite a été telle, si leur créance a une aussi noble origine, nul doute qu'ils n'aient bien mérité du Roi et de la France; mais s'il en est autrement, si leurs créances bien antérieures à l'émigration, ne sont autre chose que des placemens avantageux, faits par spéculation sur des immeubles d'une valeur infiniment supérieure à l'argent placé, que l'on convienne avec nous que l'intérêt qu'inspirent les créanciers, ne peut égaler celui que l'on doit à tant d'égard aux enfans des victimes immolées pendant la terreur; que l'on convienne avec nous que le mérite de ces créanciers est moins grand que celui de l'émigré qui exposa cent fois sa vie en combattant pour la légitimité, et qui perdit sa fortune pour lui avoir été fidèle; que l'on convienne enfin avec nous qu'ils n'ont droit ces créanciers qu'à une stricte justice et non à des faveurs; une vérité aussi évidente ne peut être méconnue que par ces incurables qui, rêvant encore un ordre de choses qui n'est plus, ne peuvent se persuader que le bon temps de la république est passé, que celui de l'empire est déjà loin de nous, et que nous vivons sous le règne des Bourbons.

Ce serait bien à tort, si l'on en croyait nos Adversaires, que dans ce parallèle entre les émigrés et leurs créanciers, nous aurions élevé les premiers au-dessus des autres, et ce serait mal-adroitement aussi que nous aurions rappelé ce qui, dans leur conduite, nous paraissait devoir militer pour eux; car, loin que ces Adversaires tiennent compte aux émigrés de leur dévouement, de leurs services et de

leurs malheurs, ils en font au contraire le sujet de leurs incriminations, puisque, s'identifiant avec les créanciers dont ils ont embrassé la défense, ils osent dire : « Nous sommes étrangers à l'émi-
» gration et nous en subirions les conséquences ; si
» nous avons quitté nos foyers, ce n'a été que
» pour aller combattre les émigrés, et l'on nous
» infligerait la punition qui leur était réservée et à
» laquelle on voudrait les soustraire! » n'est-ce pas
» comme s'ils tenaient ce langage : « Vous avez
» toujours aimé et servi les Bourbons ; votre pa-
» trimoine vous a été ravi, parce que vous les avez
» suivis sur la terre étrangère ; votre sang a coulé
» pour eux ; donc vous devez être punis par eux ;
» mais nous qui n'avons, Dieu merci, à nous
» reprocher rien de semblable ; nous qui vaquions
» tranquillement aux affaires de notre commerce
» pendant que vous vous battiez en Allemagne ;
» nous qui veillions à la culture de nos terres
» pendant que l'on confisquait les vôtres ; nous
» qui vivions dans l'abondance pendant que
» vous n'aviez pour subsister qu'une ration exigue ;
» nous qui reposions sur l'édredon pendant que
» vous n'aviez pour lit que la terre glacée de la
» Volhynie et pour oreiller que l'affût d'un canon ;
» nous, peut-être, qui fûmes volontairement join-
» dre les armées qui repoussaient de nos frontières
» les Bourbons qui voulaient alors, comme ils
» le veulent aujourd'hui, comme ils le voudront
» toujours, nous donner la paix et le bonheur !
» la paix et le bonheur qui ne peuvent exister
» pour nous sans eux, et dont nous ne pouvons
» jouir qu'avec eux ; nous enfin dont le fer égaré
» dans les rangs étrangers pouvait se tremper

» dans un sang précieux et rencontrer dès-lors » ce cœur qui ne battait que pour la France ; » ce cœur qu'a trop bien su trouver depuis le » poignard d'un exécrable assassin ! !...... Eh bien ! » c'est à nous que sont dues des récompenses , » presqu'autant vaudrait dire : « Vous qui avez » assisté le pauvre ; vous qui avez consolé l'affligé ; » vous qui n'avez pas craint de secourir l'opprimé , » allez porter la peine que vous ont mérité vos » mauvaises œuvres ; mais nous à qui l'on ne » peut imputer de semblables méfaits , pourquoi » supporterions-nous le châtiment qui y est attaché , » tandis que nous revendiquons au contraire les » récompenses dues à celui qui sans cesse préoc- » cupé de ses intérêts propres ne s'est jamais » attristé du mal d'autrui ; » ce serait certainement, de toutes les anomalies , celle dont les conséquences seraient les plus dangereuses , puisqu'elles ne tendraient à rien moins qu'à troubler les notions du bien et du mal , à égarer la raison publique , à corrompre la morale , à décourager la vertu , à détruire dans sa source l'héroïsme et à étouffer dans tous les cœurs le germe du véritable patriotisme. Nous dédaignerons néanmoins ce dernier argument de nos Adversaires dont le moindre vice est l'importunité : cet argument que des bouches innocentes ont pu répéter sans doute, mais qui n'a pu être originairement produit que par ces irréconciliables ennemis de la légitimité, qui imputant à crime tout ce qui a été fait pour elle et dans les intérêts réels de la France , ne s'accoutumeront jamais à voir s'améliorer le sort de ceux dont la seule présence est pour eux un reproche ; nous dédaignerons , disons-nous , cet argument que nous laisserons par conséquent passer sans réponse, persuadés que nous sommes que l'opinion en a déjà fait justice.

Mais supposons pour un moment que la loi du 27 avril ne soit pas aussi positive que nous l'avons démontré et qu'elle ait besoin d'être interprétée ; supposons en même temps que les émigrés, les enfans des condamnés et leurs créanciers, ayant eu une conduite politique absolument semblable, aient tous aux yeux du Gouvernement actuel, un mérite exactement égal; auxquels d'entre eux, dans cette hypothèse, devrait-on présumer que Charles X a dû naturellement penser en prenant l'initiative de cette loi, Charles X qui lui-même éprouva tous les coups de l'adversité, auxquels les Chambres, qui renferment dans leur sein tant d'émigrés dont chacun pouvait dire aussi : *Non ignora mali miseris succurere disco*, auraient-elles destiné le produit des efforts des contribuables; auxquels d'entre eux, en dernière analyse, la fumée de l'encens du sacrifice que la justice et la pitié viennent offrir à l'infortune sur l'autel de la patrie, devrait-elle parvenir? n'est-ce pas, en effet, aux plus infortunés ! Eh ! qui mérita mieux ce titre que ceux qui, ayant vu périr sur l'échafaud les auteurs de leurs jours, passèrent souvent du palais de l'opulence dans le fond des cachots ? Qui disputera la triste palme du malheur à celui qui, frappé à la fois dans tous ses moyens d'existence, n'a pas même trouvé, à son retour d'un long exil, une échoppe où il pût mettre sa tête à couvert ; une échoppe où il pût travailler pour vivre, puisque un boulet républicain, que dirigeait peut-être son créancier, lui enleva le seul bras qui lui restait encore, avec lequel du moins il aurait pu procurer à sa famille le pain de chaque jour! Qui leur disputera la triste palme du malheur? Sera-ce le créancier que la confiscation n'atteignit que dans une fraction bien minime de sa fortune? Ce créancier qui, dans l'espace de trente-trois ans, a dû facilement réparer la brèche presqu'insensible qui y fut faite. Ne serait-il pas d'ailleurs absurde de penser que le Gouvernement, lorsqu'il laisse ses propres créanciers sans indemnité, ses créanciers qui n'eurent cependant pas à se reprocher les négligences dont se sont rendus coupables ceux des émigrés, eût accordé un dédommagement complet à ceux-ci au préjudice des émigrés mêmes, tandis que d'un autre côté il favorise ces derniers à ses propres dépens en se dépouillant pour eux, dans l'art. 22 [1] de la loi, des droits proportionnels de mutation qui lui étaient dus, sur les actes devant avoir pour objet de faire revenir dans leurs mains les immeubles que leur enleva la confiscation. Eh! quoi, « s'écrient nos Adversaires, *le splendide festin de l'indemnité* auquel les créanciers n'auraient pas » été conviés, serait donc entièrement dévoré par les émigrés? Non, puisque nous avons démontré que la loi du 21 avril, silencieuse seulement pour les créanciers qui se sont rendus coupables de négligence, conserverait aux autres leurs droits, excepté cependant ceux qu'ils avaient sur les

[1] « Pendant cinq ans, à compter de la promulgation de la présente loi, tous actes translatifs de la propriété des biens confisqués » sur les émigrés, les déportés et les condamnés révolutionnairement, » et qui seraient passés entre le propriétaire actuel desdits biens » et l'ancien propriétaire ou ses héritiers, seront enregistrés moyennant » un droit fixe de trois francs. »

intérêts arriérés de leurs capitaux qu'elle leur enlève ; nous avons fait connaître aussi le motif du paiement nominalement intégral qui va leur être fait, que nous avons trouvé dans la conformité qui existe entre leur situation relativement à l'indemnité et celle du Gouvernement, lequel pour atteindre son but, qui était de ne donner aux émigrés que ce qu'avait produit la vente de leurs biens, n'a pu s'empêcher, ainsi que nous l'avons prouvé par un calcul bien simple, de porter en déduction sur leur bordereau, le total des dettes payées pour eux : d'où il résulte que, placés tout-à-fait en dehors de la loi, les créanciers qui ont laissé périmer les titres de leurs créances, ne peuvent avoir de recours que dans la loyauté des émigrés, à la discrétion desquels le Gouvernement ne craint pas de les mettre, parce qu'il sait bien que ceux qui ont subi pendant trente-quatre ans toutes les épreuves de l'infortune, ne feront jamais rien qui ne puisse être avoué par la conscience la plus scrupuleusement délicate.

Maintenant que nous avons établi par des preuves même surabondantes que les émigrés ne sont légalement tenus à rien envers les créanciers qui depuis trente ans n'ont pas fait d'actes conservatoires, nous allons examiner jusqu'où s'étendent et où s'arrêtent les devoirs qu'ils ont néanmoins à remplir à leur égard sous le rapport de l'honneur et de l'équité.

DEUXIÈME PARTIE.

Que doivent en conscience et d'après l'équité les émigrés aux créanciers qui ont laissé prescrire leurs créances ?

Ici la question s'agrandit ; elle acquiert d'autant plus d'importance, elle devient d'autant plus grave, que c'est précisément celui qu'elle intéresse le plus qui est appelé à la résoudre ; en d'autres termes, l'émigré lui-même devient l'arbitre du différend qui s'élève entre lui et son créancier ; il va être juge dans sa propre cause. Quelle est la règle qu'il va suivre ? Quelles seront les bases du jugement qu'il va rendre ? de ce jugement extra-judiciaire qui semble ne pouvoir s'appuyer sur aucun des principes de législation qui président ordinairement à la formation de la loi civile ; de la loi civile qui, toute respectable qu'elle est, n'en est pas moins l'ouvrage de l'homme, et doit par conséquent être imparfaite comme tout ce qui sort de ses mains ; de la loi civile, variable, périssable comme lui ! puisque la borne qui marque les limites de la justice légale pouvant être à tout moment déplacée par l'effet du plus léger changement apporté à une disposition législative, il en résulte que ce qui était légalement juste hier, peut cesser de l'être aujourd'hui ; ce n'est donc pas sur un terrain aussi mouvant que doit être placée cette partie de la question dont l'objet est de rechercher les obligations réelles des émigrés envers leurs créanciers, et de déterminer d'une manière précise et invariable la marche qu'ils ont à suivre dans une conjoncture aussi délicate ; les lois de l'équité qui seules sont immuables, parce qu'elles sont inflexibles comme la justice divine dont elles émanent, les lois de l'équité qui seules sont absolues, parce que seules elles échappent à l'influence des temps, des lieux, des circonstances et des hommes auxquelles les autres qui ne peuvent jamais être que relatives, sont sans cesse soumises, puisque sans cesse elles doivent tendre à se mettre en harmonie avec ces causes de leur existence qui deviendraient sans cela les causes de leur destruction ; les lois de l'équité seront seules régulatrices de la conduite des émigrés dans ce moment solennel qui va décider s'ils sont toujours ou s'ils ont cessé d'être dignes de la noble cause qu'ils avaient embrassée ; les lois de l'équité seront donc la seule jurisprudence que nous invoquerons dans cette partie de la discussion, comme elles seront notre unique boussole dans la nouvelle carrière qui s'ouvre devant nous et que nous allons explorer.

En traçant aux émigrés le chemin qu'ils ont à suivre, nous devons éclairer ce sentier glissant où la probité la plus éprouvée et la vertu la plus austère pourraient, si elles s'y engageaient sans guide, échouer entre deux écueils également menaçans, qui résulteraient d'un côté, de cette disposition naturelle de certaines consciences qui les porte toujours à outre-passer la ligne de leurs obligations, ce qui dans l'occurrence ne pourrait qu'être au dépens d'engagemens plus récens et de devoirs non moins sacrés ; et de l'autre, de la tendance opposée de celles qui, moins timorées, resteraient peut-être en deçà du but ; cherchons donc ce point presqu'imperceptible, ce juste milieu en toute chose si difficile à trouver.

La première qui nous frappe, en abordant ce côté de la question, est la conformité qui existe entre la position des émigrés, relativement à la confiscation, et celle de ces créanciers qui par négligence ou par suite d'un système pris dans leurs intérêts bien ou mal entendus, ne présentèrent pas au Gouvernement républicain les titres de leurs créances en échange desquels ils en eussent reçu le montant ; d'où découle naturellement l'égalité en droit des uns et des autres, devant la loi d'indemnité.

C'est le 1.er janvier 1810, époque à laquelle la commission de liquidation étant dissoute, les créanciers cessèrent d'être admis à réclamer, que leur situation et celles des émigrés devinrent identiques ; avec cette différence, si l'on remonte aux antécédens des uns et des autres, tout à l'avantage de ces derniers, que les créanciers qui n'avaient eu qu'à déposer leurs titres entre les mains de la commission instituée pour les recevoir n'ayant pas répondu à l'invitation qui leur fut faite d'en opérer la remise, semblèrent par là adhérer à la confiscation dont ils furent atteints, qui se trouva dès-lors consommée : il est à remarquer que les créanciers eurent près de dix-huit ans pour remplir cette formalité bien simple, tandis que l'on doit se rappeler que le délai accordé aux émigrés pour rentrer en France ne fut que de quelques mois et qu'ils ne purent en profiter, puisque les causes qui avaient nécessité leur sortie du territoire subsistant en entier, il est plus que probable qu'ils eussent payé de leur vie le bonheur passager de venir saluer la patrie de leur dernier regard...... La patrie ! où tel d'entre eux qui n'y serait parvenu qu'à travers mille dangers, aurait inutilement cherché l'antique manoir où coulèrent paisibles les jours de son enfance, l'antique manoir à la place duquel il n'eût trouvé que des cendres !......

On doit se rappeler encore que les bureaux des administrations ne cessèrent d'être encombrés de femmes, d'enfans, de frères et de sœurs d'émigrés, qui n'épargnèrent ni les pétitions, ni les mémoires, ni même les oppositions aux ventes, fondées sur des droits qui furent toujours méconnus.

Mais nous ferons taire des considérations cependant bien puissantes, nous n'examinerons ni la quotité des pertes, ni le mérite politique de ceux qui les ont éprouvées ; nous les supposerons tous également intéressans et également malheureux, et en cela nous ferons à nos Adversaires une concession que nous imposerait d'ailleurs la nécessité de simplifier la question ; nous la renfermerons donc toute entière dans un seul fait que nous dégagerons encore des circonstances inutiles à la solution de cette question, et nous dirons : n'est-il pas vrai que le plus funeste des événemens, que la plus terrible des catastrophes enveloppa dans le même désastre et les émigrés et les créanciers. Or, lorsqu'un Gouvernement réparateur, lorsqu'une loi que l'on doit toujours supposer équitable, viennent soulager de si amères douleurs ; lorsqu'ils viennent faire cesser des infortunes non méritées ; une justice égale pour tous, une justice distributive, ne doit-elle pas présider à la répartition de l'indemnité allouée. Qu'arriverait-il si parmi les victimes d'un commun naufrage dont chacun aurait eu la précaution de faire garantir sa part de la cargaison par une compagnie d'assurance, laquelle elle-même se trouverait, par suite d'accidens imprévus, hors d'état de satisfaire en totalité à ses engagemens ; qu'arriverait-il si l'un des naufragés allant avec ses compagnons d'infortune réclamer au même bureau son dividende sur l'indemnité *due* à tous, prétendait être entièrement indemnisé de ses pertes, tandis que les autres ne recevraient que le montant du tiers, du quart ou du dixième de celle qu'il aurait éprouvée ? Ce qu'il arriverait, que les administrateurs de la compagnie repoussant, comme ils le devraient, cette injuste prétention, diraient à celui qui l'aurait élevée : « Votre position n'est ni plus » ni moins malheureuse que celle des autres nau- » fragés ; eux comme vous et vous comme eux, » avez également tout perdu : nous avons reçu » de tous une prime proportionnellement égale, » par conséquent il vous revient à tous et vous » aurez tous une part proportionnellement égale » de l'indemnité qu'il est en notre pouvoir de » vous donner. » S'il y avait insistance de la part du réclamant et qu'il persistât dans une demande aussi mal fondée, qu'arriverait-il encore ? Que la question serait portée devant les tribunaux dont la décision ne pourrait qu'être conforme aux lois de l'équité, à moins que par l'effet d'un inconcevable, caprice que l'on ne doit jamais présumer dans les hommes graves et impassibles qui tiennent dans leurs mains la balance de la justice, ils ne vinssent, en favorisant l'un aux dépens des autres, sous prétexte qu'il aurait perdu telle chose plutôt que telle autre, à récompenser la négligence, la paresse et l'inertie de celui qui se serait tenu tranquille dans un coin du vaisseau lorsqu'il était battu de la tempête, tandis que l'activité, le zèle et le dévouement de ceux qui s'exposèrent à tous les dangers et firent tous leurs effors pour sauver à la fois le navire et l'équipage, se trouveraient par le fait punis.

Mais c'est envain que nous nous épuisons en raisonnemens et que nous faisons tous nos efforts pour faire passer dans l'esprit de nos Adversaires notre conviction : disputons le terrain pied à pied, bien qu'il cède sans cesse sous leurs pas; ils disent : « Les créanciers n'ont pas été l'objet de la confis- » cation ; elle n'a été faite ni pour eux ni sur » eux ; enfin ce n'est pas eux que la loi qui la » prononce a eu l'intention de dépouiller »; non certainement, puisqu'elle leur donnait les moyens de se soustraire à cette confiscation qu'ils ont provoquée et en quelque sorte appelée sur leur tête ; « ainsi, reprennent-ils, ces créanciers ne » peuvent en aucune manière éprouver de réduc- » tion relativement au paiement de leurs créan- » ces ; » comment ils ne supporteraient pas de réduction, eux qui ont tout fait pour tout perdre ? Ne devraient-ils pas au contraire s'étonner de n'éprouver, concernant des créances sur le remboursement desquelles ils ne comptaient plus, que les réductions que les émigrés ont à supporter ; car nous le répéterons jusques à satiété : le Gouvernement républicain si cruel et si injuste envers les émigrés et leur famille, n'eut, jusques en 1808, rien à se reprocher vis-à-vis des créanciers qu'il appela non seulement par une loi spéciale rendue à cet effet, mais encore par des invitations itératives que l'administration d'alors fut chargée de leur faire [1]; l'insistance du Gouvernement fut telle, qu'il y a lieu de croire qu'il eût été, s'il avait connu le montant des créances et les titres qui les constatent, jusqu'à leur faire des actes d'offre.

Il est encore une vérité qui peut-être au premier aperçu sera prise pour un paradoxe, mais dont un peu de réflexion suffira pour faire reconnaître l'existence, et une fois le principe établi, la conséquence en sortira d'elle-même et viendra naturellement se rattacher à la question, c'est que lorsqu'un placement de fonds s'opère, ce n'est pas à la personne qui fait la demande de ces fonds que le prêt est fait, mais bien à l'immeuble qu'elle possède; cela est si vrai, qu'à défaut de paiement, soit du capital, soit des intérêts, c'est à l'immeuble que l'on s'adresse; c'est l'immeuble que l'on saisit; les premières poursuites dirigées contre le propriétaire n'étant qu'un préalable nécessaire, un préliminaire indispensable, un moyen pour parvenir à cette fin. Quoiqu'il en soit, nous dit-on, « le véritable débiteur est celui au » nom duquel l'engagement est passé et celui » qui le signe; » nous répondrons qu'il n'est débiteur que pour la forme et seulement pour lever les obstacles qui résulteraient de l'impossibilité où serait la propriété, inerte de sa nature, d'agir, de s'engager elle-même; nous disons que le pro-

[1] Cet éloge de la conduite du Gouvernement républicain vis-à-vis des créanciers des émigrés ne s'applique qu'à celle qu'il a tenue envers eux jusques en 1808. Voyez pour l'intelligence de cette note celle de la page 33.

priétaire n'est débiteur que pour la forme, puisqu'ainsi que nous l'avons démontré, on a recours en définitive, lorsqu'une difficulté sérieuse s'élève, à la propriété, qui toujours est l'objet sur lequel le capitaliste a les yeux fixés, les actes préparatoires qui précèdent l'expropriation, n'étant pour lui que la voie, que le chemin, pour ainsi dire, qui conduit à ce but. Que l'on recherche les jugemens rendus dans les causes analogues à l'espèce que nous posons, on les trouvera tous, sans en excepter un seul, conformes à ce principe, puisqu'en prononçant l'expropriation, qui n'est autre chose que la saisie de la propriété faite au profit du créancier, les jugemens écartent en dernière analyse et mettent tout à fait hors de cause le propriétaire sur la personne duquel ne pesait donc pas la responsabilité du remboursement ; donc la loi, comme nous, ne reconnaît, au fond, pour véritable débiteur, que la propriété ; n'est-ce pas en effet la propriété qui paie ? savoir les intérêts par les mains du propriétaire, et le capital par l'intermédiaire de la justice, lorsqu'à défaut de paiement, après avoir parcouru la série des poursuites, on est parvenu à l'expropriation. Il demeure donc prouvé que le propriétaire n'est, dans ces sortes de négociations, qu'un agent utile, un prête-nom nécessaire à la conclusion du traité, dont l'intervention est aussi indispensable pour en accomplir les conditions et servir la rente de quelle nature qu'elle soit, temporaire ou perpétuelle. Il est encore à remarquer qu'à l'instant où le prêt a été effectué, sur-tout s'il a donné lieu à une hypothèque spéciale, il y a eu un commencement d'expropriation, l'immeuble sur lequel porte l'hypothèque étant non-seulement engagé, mais encore conditionnellement aliéné, n'importe en faveur de qui, par le propriétaire, dont la possession alors est mise en question, puisque devenue éventuelle elle est subordonnée à l'événement toujours incertain du remboursement, il en résulte que ce dernier se trouve avoir de fait pour co-propriétaire de l'immeuble, dont cependant il est seul investi, chacun des créanciers qui firent opérer l'inscription.

Peut-être dira-t-on que ce qui constitue la possession d'un objet quelconque, est la faculté d'en disposer, et que celui-là seul en est propriétaire qui peut faire ce que bon lui semble de la propriété; nous répondrons que cette faculté de disposer n'est pas toujours la preuve que celui qui l'exerce est réellement propriétaire; un mari, par exemple, n'a-t-il pas sur les revenus des biens de sa femme un pouvoir discrétionnaire? et ce pouvoir ne s'étend-il pas sur le capital, puisqu'il a le droit de faire des coupes de bois, de changer, de dénaturer à son gré la culture, ce qui peut augmenter ou diminuer considérablement la valeur de ces biens, et par conséquent accroître ou réduire le capital, selon la volonté, le caprice, l'intelligence ou l'impéritie du mari; enfin, lorsqu'ils jugent l'un et l'autre convenable de faire précéder à la vente de ces biens, l'autorisation de l'époux n'est-elle pas nécessaire pour la rendre valide? Ne faut-il pas qu'il y mette son attache?

Avant de donner plus de développement à nos idées, nous rappellerons que dans cette partie de la discussion, nous nous sommes spécialement proposés de traiter la question sous le rapport du droit naturel et de l'équité qui peuvent souvent ne pas être d'accord avec la légalité, par la raison que le législateur, qu'une foule de considérations environnent, est quelquefois obligé de faire aux circonstances des concessions, tandis que notre indépendance là-dessus, à nous qui ne sommes revêtus d'aucune autorité, qui n'avons pas reçu de mandat et qui sommes sans mission, demeure pleine et entière; cependant pour ôter tout soupçon d'improbation de notre part relativement aux lois qui nous régissent en général et à celle que nous examinons en particulier, nous nous empressons de déclarer que nous pensons que le législateur et les gouvernemens ne doivent aux gouvernés, dans la combinaison des lois et même dans leur exécution, qu'une justice relative; la justice absolue présentant souvent dans son application de graves inconvéniens; inconvéniens que l'objet essentiel de cet ouvrage et les bornes que nous lui avons assignées ne nous permettent pas de signaler ici. Nous soutenons donc que chaque dette que le possesseur d'un immeuble contracte est une atteinte portée à son droit de propriété, et pour cela il n'est nullement besoin qu'elle soit établie par contrat et que l'inscription en ait été faite au bureau des hypothèques, la plus simple reconnaissance étant suffisante, puisque sauf les amendes auxquelles donneraient lieu l'inobservation des formalités prescrites, un billet quelqu'informe qu'il soit n'en est pas moins admis en justice.

Que l'on se représente, et le cas échoit souvent, un domaine dont les hypothèques absorbent les trois quarts de la valeur; si ce domaine est estimé 100,000 fr., pense-t-on que la personne sur la tête duquel il est assis possède 100,000 fr. ? Oui sans doute, nominalement et légalement parlant, parce qu'il figure sur le rôle des contributions, parce que ces contributions sont payées par lui ou en son nom ; parce que depuis qu'il a acquis l'immeuble de ses deniers ou que la transmission lui en a été faite par les parens dont il a hérité, aucun acte encore ne l'en a ostensiblement ni juridiquement dépossédé ; mais en réalité et par conséquent pour nous et pour ceux qui veulent voir le fond des choses, il ne possède que 25,000 fr. ; à qui appartiennent donc les trois autres quarts de l'immeuble ? A qui ils appartiennent ? aux créanciers dont le soi-disant propriétaire est devenu le fermier ou pour mieux dire le régisseur, puisqu'il est obligé, sous peine de voir dorénavant saisir les fruits, d'en apporter le produit à ces créanciers qui peuvent en outre faire vendre à leur profit par autorité de justice, l'immeuble même, si, dans les délais fixés, le propriétaire légal n'en a opéré le rachat en comptant 75,000 fr. qui sont à la fois et la valeur réelle de la partie de l'immeuble conditionnellement aliéné par lui et le prix qu'il en a reçu ; nous disons le rachat, parce qu'alors la position du propriétaire légal se trouve être la même, sauf la jouissance qui lui est provisoirement conservée, que s'il avait vendu à pacte de réméré ; et jusqu'au moment de sa libération, l'immeuble est véritablement en litige.

Si les dettes allaient toujours croissant et qu'enfin elles vinssent à absorber la valeur de l'immeuble, alors l'expropriation commencée au premier emprunt qui fut fait, n'eût-il été que de cinquante francs, se trouverait terminée, de manière qu'il ne manquerait à cette expropriation réellement consommée que d'être revêtue des formes judiciaires Eh bien! dans cet état de choses, le propriétaire légal, qui n'est plus au fond qu'un prolétaire, vient à émigrer; si son émigration et la confiscation des biens encore existans sur sa tête ont lieu avant que l'expropriation ait été prononcée, sur qui pesera de fait la confiscation, sera-ce sur l'émigré qui déjà n'avait plus rien, ou bien sur les créanciers? Qui subira les conséquences de cette spoliation? Qui en supportera le dommage? Ne seront-ce pas ces derniers, lesquels se garderont bien de présenter les titres de leur créance au Gouvernement qui ne leur donnerait en paiement que des inscriptions sur le grand-livre qui les réduiraient au tiers, ou des assignats tellement dépréciés qu'ils n'équivaudraient peut-être pas au dixième de ce qui leur est dû [1]; tout bien considéré ils aimeront mieux courir la chance des événemens; les voilà donc, relativement à leur créance, dans une situation semblable à celle des familles des émigrés, des condamnés; en telle sorte que s'ils n'avaient pas eu devers eux d'autres moyens d'existence, ils auraient été réduits, comme le furent un grand nombre de ces derniers, à la plus profonde misère; enfin la restauration vient combler nos vœux, et à sa suite, bien qu'elle se soit long-temps fait attendre, arrive la loi

[1] Le plus grand nombre des créanciers qui se sont présentés au Gouvernement, ont été payés en tiers consolidés, ce qui a rendu leur condition bien moins malheureuse que celle des créanciers ordinaires que leurs débiteurs forçaient de recevoir des assignats sans valeur.

d'indemnité ; le hasard et une sorte de bonheur ont voulu que, placés dans la catégorie la moins désavantageuse, les biens aient été vendus un peu plus de la moitié de leur valeur; leur indemnité, car c'est aux créanciers que dans ce cas elle appartient, puisque, conformément à l'art. 1166 du Code civil, c'est eux qui doivent la réclamer, c'est à eux qu'elle doit être payée ; leur indemnité est fixée à 50,000 fr. 1 c., ce qui forme la moitié plus un centime de la somme confisquée sur eux, de laquelle moitié plus un centime, il faut bien qu'ils se contentent, la loi du 27 avril et l'ordonnance royale du 1.er mai suivant ne disant nulle part que par la seule raison qu'ils ne sont pas émigrés et qu'ils sont créanciers, ils doivent être intégralement indemnisés de leurs pertes, pendant que les émigrés supporteront seuls toutes celles résultant des fausses évaluations qui furent faites de leurs biens lors de leur vente; les voilà donc soumis ces créanciers à la réduction proportionnelle; et dans le cas, par exemple, où ils eussent été dix ayant chacun perdu 10,000 fr., leur indemnité serait de 5,000 fr. 1/10 de centime ; et dans celui où ils ne seraient que neuf et où par conséquent l'émigré eût perdu pour son compte une pareille somme, représentée par le dixième de sa fortune que la confiscation aurait trouvé libre d'hypothèque, comment les choses devraient-elles se passer? Selon nous, et nous ne craignons pas de le dire, selon la raison, la droiture et l'équité, tous ceux indistinctement ayant supporté par suite du même événement un égal dommage, devraient avoir une part égale à l'indemnité, et alors l'émigré toucherait, ainsi que les créanciers, 5,000 fr. 1/10 de centime [1] ; mais selon nos contradicteurs qui paraissent ignorer les règles de la justice distributive, les uns ayant sur l'autre, dans le partage de l'indemnité, un privilége immense, bien que le terrible niveau du malheur eût passé sur tous, auraient tout, et l'autre par conséquent rien ; en sorte que l'émigré entièrement mis de côté, que l'émigré deshérité des droits que lui donna la loi du 27 avril sur la portion d'indemnité qui lui est afférente, assisterait à la répartition qui en serait faite entre les neuf autres co-partageans dont chacun aurait 5,055 fr. et tant de centimes ; et s'ils n'étaient que huit et que l'émigré eût perdu 2,710 fr., le lot des créanciers en masse n'en serait pas moins 50,000 fr. 1 c., et celui de l'émigré o ; et s'ils n'étaient que sept et même que six, et que l'émigré eût perdu 3 ou bien 4/10, la part des créanciers serait encore 50,000 fr. 1 c., et celle de l'émigré o, toujours o ; enfin s'ils n'étaient que cinq, eh bien ! alors les créanciers qui n'ont été qu'incidemment introduits dans la loi, les créanciers qui sans doute alors s'applaudiraient plus que jamais d'avoir été tour à tour fidèles à la Convention, au Directoire, à l'Empire, enfin à tous les Gouvernemens de fait, venant à toucher pour 50,000 fr. qu'ils auraient perdu, 50,000 fr. se trouveraient être

[1] Puisque déjà le législateur avait trouvé juste de faire partager aux créanciers une partie des pertes que les émigrés éprouvent, c'est-à-dire celles qui proviennent de la privation où ils ont été de leurs propriétés et du taux peu élevé de leur rente fixées a 3 pour 100, il est probable qu'il eût également fait supporter a ces mêmes créanciers les lésions résultant pour les émigrés du bas prix des ventes qui fût toujours plus ou moins inférieur à la valeur des biens, s'il n'avait reculé devant les difficultés et les frais auxquels auraient donné lieu les estimations et ventilations.

remboursés jusques au dernier sou de tout ce que leur coûta la révolution; la révolution que peut-être encore ils aimèrent de tout leur cœur et servirent de tout leur pouvoir, tandis que l'émigré qui devait être et qui fut en effet le but, l'objet essentiel de la loi; que l'émigré en faveur de qui elle a été rendue; que l'émigré qui n'a pas besoin au reste de cette nouvelle preuve pour savoir que, considérée comme objet de calcul, l émigration aurait été de toutes les spéculations la plus mauvaise, ne recevrait pour 50,000 fr. qui lui furent aussi ravis, que 1 c. Nous demanderons à nos Adversaires si c'est ainsi qu'ils entendent la justice; si c'est ainsi qu'ils comprennent l'égalité devant la loi; l'égalité devant la loi, qu'en leur qualité d'antagonistes des émigrés et par conséquent d'ennemis de la noblesse et du privilége, ils ont sans doute plus d'une fois invoquée.

Comme il nous importe d'établir, de manière à ce que l'on ne puisse plus désormais le contester, que dans le cas que nous avons spécifié, c'est à l'immeuble que l'on prête et nullement au propriétaire sur la personne duquel n'a jamais pesé, ainsi que nous l'avons dit, la responsabilité du remboursement, nous allons revenir là-dessus afin de faire ressortir la différence qui existe entre les placemens de cette nature que nous appellerons dettes foncières, parce qu'elles suivent, dans quelle main qu'il passe, l'immeuble auquel elles s'attachent, et les prêts qui s'adressent aux individus, que nous appellerons dettes personnelles, par la raison qu'elles sont contractées par les personnes; et pour prouver combien est juste la distinction que nous fesons de ces deux sortes de créances, il nous suffira de faire observer que les dernières qui ne peuvent être constatées que par lettres de change, sont les seules qui puissent donner lieu à des poursuites directes contre les personnes et entraîner l'action corporelle; aussi l'on remarquera que la durée des lettres de change est limitée à une espace de temps très borné et qu'elles ne comprennent ordinairement que de petites sommes, à moins qu'il ne s'agisse d'affaires de commerce pour lesquelles elles ont été originairement créées, étant le seul moyen qui pût lever les difficultés et rendre faciles les rapports commerciaux qui naissent tous de la confiance que les négocians sont obligés d'avoir les uns dans les autres; on conçoit, en effet, que celui d'entre eux qui, sans motifs suffisans, refuserait à tel autre avec lequel il aurait ouvert des relations d'affaires, cette confiance qui est à la fois la vie et l'ame du commerce, courrait le risque qu'elle lui fût refusée à son tour, et cette défiance gagnant de proche en proche, pourrait arrêter partout où il se fait ressentir, ce mouvement salutaire imprimé au commerce et à l'industrie, d'où dépend la fortune des particuliers et la prospérité des Etats; cette confiance, malgré les accidens qui se multiplient, se manifeste encore dans les rapports de la classe industrielle avec la propriété, car il n'est pas rare de voir un cultivateur échanger les produits du sol, les résultats de son pénible travail, le fruit de ses sueurs contre un effet négociable dont un événement de bourse peut anéantir la valeur qui ne fut jamais que conventionnelle; enfin cette confiance est une chose si essentielle, si précieuse dans le commerce et elle est en même temps d'une nature si fragile et si délicate, que dans la crainte de l'altérer, un négociant sur lequel on voudrait faire un placement ne souffrirait pas que l'on prît hypothèque sur ses biens; il craindrait que cette précaution ne vînt à nuire à son crédit, ne portât atteinte à la considération dont jouit à la bourse sa signature; d'où il résulte qu'il n'y a pas de placement possible dans les mains d'un négociant; et comment pourrait-il s'effectuer? Par police ou par contrat?

Comme une police, pour remplir son objet, doit nécessairement mentionner la faculté qu'a chacune des parties de la changer en acte public, et qu'une fois revêtue de ce caractère, le prêteur peut, quand bon lui semble, en faire opérer l'inscription au bureau des hypothèques, il n'est guère probable, d'après les raisons que nous avons exposées, qu'un négociant consentît à souscrire de semblables écrits. Si l'on cite quelques faits particuliers qui semblent démentir ce que nous avançons, ils sont infiniment rares, tellement rares qu'ils ne peuvent être considérés que comme des exceptions à la règle. Nous n'avancerons cependant pas qu'un capitaliste ne puisse avoir des fonds chez un négociant, mais ce ne peut être que par lettres de change, et alors le prêt est temporel et éventuel; temporel, puisqu'il est borné à la période de cinq années; éventuel, puisqu'il faut, pour en atteindre le terme, que la volonté des parties demeure la même, le débiteur ayant la facilité de se libérer au bout de l'année, et le prêteur celle de rentrer dans ses fonds en négociant la lettre de change le jour même où elle aurait été consentie, s'il le jugeait favorable à ses intérêts. On sent qu'une négociation semblable ne peut être regardée comme un placement, ce mot ne devant s'entendre que d'un prêt permanent et durable, et non de celui qui pourrait cesser d'un instant à l'autre, suivant la volonté ou le caprice du prêteur. C'est donc dans la classe des simples prêts, et des prêts personnels, que doivent être rangés ceux de cette espèce, étant tous de confiance, puisque, malgré la faculté qu'a le prêteur de recourir à la propriété, cette faculté doit souvent être illusoire, la fortune mobilière et immobilière d'un négociant, qui toujours au reste est plus ou moins compromise, pouvant, par l'effet d'une opération mal combinée ou par suite d'une entreprise dont des événemens imprévus peuvent changer les résultats, se trouver entièrement absorbée. Au reste, il semble que le législateur ait senti la nécessité qu'il y avait de compenser le défaut de garanties que présentent, pour les prêteurs, les affaires qui se traitent, soit entre négocians, soit avec eux, en augmentant de 1/5 dans certains cas, et pour le commerce seulement, l'intérêt légal. Il ne faut rien moins en effet que l'avantage de 1 p. 100, et celui que l'on trouve en général chez les négocians, dans leur exactitude relativement au service des intérêts, pour balancer les risques que courent sans cesse les capitaux dans ces opérations aventureuses, dont l'effet est d'associer le créancier au débiteur dans les chances plus ou moins hasardeuses auquel celui-ci s'expose.

C'est encore en considération de la propriété, si ce n'est pas à elle-même, que les prêts gratuits se font dans le monde et que les services pécuniaires se rendent; ce qui le prouve, c'est qu'un homme à qui la fortune aura souri trouvera dix personnes qui ne demanderont pas mieux que de l'obliger, lorsque celui à qui elle aura tourné le dos n'en trouvera peut-être pas une seule, quelque estimable qu'il soit d'ailleurs. A Dieu ne plaise cependant que nous pensions que la pitié soit tout-à-fait bannie de dessus la terre, et que le malheur n'y ait jamais été secouru ; on pourrait citer de très-nombreux et de très-honorables exemples du contraire ; mais ces exemples, que l'on en convienne, sortent tous de la catégorie, non-seulement des placemens, mais des simples prêts, pour entrer dans celle des cadeaux, des dons ; nous pourrions dire plus encore, et dans ce cas, loin que les capitaux dont le père de famille est comptable envers ses enfans soient employés à ces bonnes œuvres, on n'y consacre ordinairement que son revenu, le superflu même de son revenu. En effet, quelle ressource peut offrir, quel espoir de remboursement peut présenter un homme, quelque délicat qu'il soit et quelque bonne volonté qu'il puisse avoir de payer, qui n'a pas de propriété, qui n'occupe pas de place, qui n'exerce aucune industrie, qui n'est ni solliciteur, ni joueur, qui ne met pas à la loterie et qui n'attend pas d'héritage ; enfin, nous dirons à nos adversaires : mettez d'une part toutes les espérances qui s'attachent à ces différentes conditions, à l'exception de la première de celles que nous venons de désigner, et de l'autre les craintes qui en sont aussi inséparables ; ajoutez à celle-ci si peu que vous voudrez de cette réalité qui est le partage et le caractère de la propriété la plus mince ; donnez la balance à tenir à un capitaliste, et vous verrez de quel côté elle penchera.

Si nos adversaires doutaient encore que c'est réellement à la propriété que l'on prête, nous

ferions un appel à leur bonne foi, et nous leur proposerions les hypothèses suivantes: Supposons, leur dirions-nous, que vous êtes vous-mêmes capitalistes et que vous avez des fonds considérables à placer; deux propriétaires viennent en même temps s'adresser à vous; l'un jouit de 100,000 fr. en fonds de terre; la fortune immobilière de l'autre ne s'élève qu'à 50,000 fr.; ils ont tous les deux une réputation de probité égale. Le premier vous prie de lui prêter 60,000 fr.; vous n'hésitez pas à les lui promettre. Encouragé par la facilité avec laquelle vous avez satisfait à cette demande, le second vous témoigne le désir qu'il aurait d'avoir une pareille somme. Aussitôt la valeur de la ferme ou de la métairie qu'il possède, que vous connaissez par vous-même ou par la notoriété publique, se présente à votre esprit. Vous avez bientôt jugé dans quel rapport elle est avec l'argent demandé, et le résultat de ce calcul rapide et approximatif est un refus de votre part de lui prêter une somme aussi forte; cependant ce propriétaire jouit parmi les honnêtes gens d'autant de considération que celui à qui vous allez sans difficulté compter 60,000 fr.; vous lui accordez autant d'estime, peut-être même a-t-il votre amitié, tandis que vous avez à vous plaindre de l'autre. « Oui, mais il n'offre pas les » mêmes garanties. » Comment, il n'offre pas les mêmes garanties; ne sont-ils pas tous les deux également irréprochables sous le rapport de la probité? « Oui, mais. . . . . »
Avouez donc ce que vous nieriez envain, que c'est à l'immeuble, et à l'immeuble seul, que l'on prête; car, s'il n'avait été question que des personnes et qu'il se fût agi d'un service rendu, vous auriez certainement donné la préférence à votre ami.

A ces deux personnes en succède une troisième qui possède une fortune de 200.000 fr., consistant en une maison située à Paris. Cette personne a besoin de 100,000 fr.; vous ne croyez pas devoir les lui refuser; mais, pendant que le notaire dresse le contrat, une lettre reçue à l'instant apprend à l'imprévoyant propriétaire que sa maison, qu'il n'avait pas eu la précaution de faire assurer, vient d'être la proie des flammes. Si, nonobstant cet accident, vous nous affirmez que vous n'en auriez pas moins effectué le prêt, nous conviendrons avec vous que notre opinion est erronnée.

C'est donc à l'immeuble que l'on prête. Ce qui le prouve encore, c'est que la dette suit toujours, en quelque main qu'elle passe, la propriété. Ce n'est en effet que par un acte authentique, exprimant formellement le consentement du créancier, qu'elle peut être transportée à un autre immeuble. La conséquence du principe que nous venons d'établir par des preuves irréfragables étant que les biens des émigrés, à l'époque de la confiscation, étaient seuls passibles de leurs dettes, nous n'avons plus maintenant qu'à voir la destination que donna à ces biens la mort civile, dont les effets, relativement aux dettes, furent en tout semblables à ceux que auraient produit la mort naturelle, qui libère toujours celui qu'elle atteint et oblige son successeur. Les effets de la mort civile des Emigrés furent donc d'investir leurs héritiers des biens sur lesquels étaient hypothéquées leurs dettes. Or, quel fut cet héritier, celui du moins qui s'en arrogea les droits et s'en attribua les avantages? Ce fut le gouvernement républicain. Loin de méconnaître les obligations que ce titre impose, loin d'abuser de la force dont il faisait un si terrible usage pour se soustraire à ces obligations, ce gouvernement si violent et si injuste d'ailleurs, convoqua les créanciers des émigrés, que dès lors il regarda comme les siens propres, dans l'objet de liquider et de payer leurs créances. Alors donc, et de l'aveu même de celui qui était intéressé à le nier, les Emigrés cessèrent de devoir, et le gouvernement devenant débiteur à l'instant même où il devenait propriétaire, fut et demeura généralement chargé de toutes les obligations attachées à cette qualité et inhérentes à la possession des immeubles dont il s'emparait, qui passèrent ensuite dans les mains des acquéreurs qui les possèdent aujourd'hui libres d'hypothèques et dégagés de toutes charges, le gouvernement les ayant assumés sur sa tête.

« Ainsi, disent nos Adversaires, le gouvernement aurait continué d'être le débiteur des créanciers des émigrés jusques au 27 avril 1825, » époque à laquelle la loi d'indemnité ayant mis » les Emigrés, par rapport aux créanciers, à la » place du gouvernement, il en résulterait toujours » que ceux-ci, en acceptant l'indemnité qui re- » présente les biens par eux possédés avant la » confiscation, auraient aussi de nouveau accepté » les dettes dont ces biens avaient été grevés et » qu'ils avaient personnellement contractées. »

Nul doute qu'il n'en fût ainsi si le gouvernement n'avait fait humainement tout ce qu'il était possible pour satisfaire les créanciers en les appelant par une loi spéciale, en leur faisant des avertissemens réitérés et en créant une commission de liquidation qui demeura pendant dix-huit ans permanente; mais ces créanciers ayant obstinément refusé le paiement qui leur était offert, ces créanciers ayant de plus laissé écouler trente années sans faire d'actes conservatoires, nul doute aussi que le gouvernenent ne fût entièrement libéré envers eux; dire le contraire serait prétendre mettre le gouvernement hors du droit commun pour le priver des avantages dont jouissent les simples particuliers que la prescription dégage de leurs dettes; et l'on sent combien serait insoutenable, combien serait absurde une semblable proposition. Or, la loi d'indemnité ayant incontestablement pour objet de mettre les émigrés au lieu et place du gouvernement, comme la loi de confiscation avait eu celui de mettre le gouvernement au lieu et place des émigrés, il est de la dernière évidence que loyalement ceux-ci ne doivent pas plus aux créanciers que ne leur devait le gouvernement en faveur duquel ces derniers, par les différentes raisons que nous avons fait connaître, et qu'il est inutile de répéter ici, firent un abandon tacite, un abandon loyal, un abandon réel de leurs créances dont ils ne daignent même pas présenter les titres.

« Nous convenons, reprennent nos adversaires, » que le gouvernement ne devait plus rien aux » créanciers des émigrés; en sorte que s'il était » possible, qu'il pût faire passer les biens révolu- » tionnairement confisqués dont jouissent les tiers » qui les ont acquis, ou bien qu'il eût à payer » l'indemnité à tout autre qu'aux Emigrés, alors » les immeubles ou l'indemnité ne pourraient en » aucune manière être grevés de leurs dettes; mais » ici l'espèce n'est pas la même: que l'on songe » que c'est aux Emigrés eux-mêmes que l'indem- » nité parvient, à ceux qui ont contracté la dette;

» que l'on songe que les Emigrés ont été rendus à » la vie civile, qu'ils ont recouvré leurs capacités, » et que depuis long-temps ils jouissent de leurs » droits politiques et civils ; que l'on songe surtout » qu'ils vont être dédommagés de leurs pertes, et » alors on reconnaîtra que lors même que la loi » ne leur prescrirait pas de payer en entier leurs » dettes, leur conscience devrait leur en faire un » devoir. » Leur conscience ! Nous voilà donc transportés sur le terrain où nous voulons combattre. Si l'on nous prouve que les Emigrés vont être véritablement dédommagés de leurs pertes, c'est-à-dire que le bordereau de l'indemnité de chacun d'eux présente une somme égale à la valeur intrinsèque ou vénale des biens qui leur furent enlevés, nous ne contesterons pas qu'ils ne soient tenus de la totalité de leurs dettes ; mais s'ils ne doivent recevoir que le montant du prix des ventes qui en furent faites dans des temps de trouble, de désordre et d'anarchie ; en un mot, s'ils ne doivent toucher que la moitié, le tiers, le quart, le cinquième, le dixième, le vingtième et quelquefois moins encore de ce que valaient leurs propriétés ; car, dans certaines localités, les résultats des adjudications ressemblèrent plutôt à des dons qu'à des ventes [1], serait-il juste d'abord, et puis serait-il possible, dans le cas où ils n'auraient d'autre ressource que

[1] On pourrait citer un grand nombre d'acquéreurs de biens d'émigrés qui ont payé le gouvernement avec la récolte d'une année. Une métairie faisant partie de la terre de L...., confisquée sur la tête de M. de M......, fut payée avec le produit d'une paire de bœufs.

Voici un autre fait qui m'a été attesté par M. V....., ancien administrateur du district de N.... : Des militaires venant de l'armée furent au chef-lieu de l'arrondissement se faire adjuger, le sabre à la main, une métairie située dans la commune de P.., qui avait appartenu à M. D....

l'indemnité, et que cette indemnité n'égalât pas les dettes, qu'ils fussent obligés de les acquitter intégralement; forcément donc les créanciers, en les supposant tous créanciers chirographaires, seraient soumis alors, relativement à leurs créances, ainsi que nous l'avons démontré plus haut, à la réduction proportionnelle. Les Emigrés, dites-vous, sont rentrés dans la vie civile; ils ont recouvré leurs capacités; ils jouissent des droits de citoyens; eh bien! qu'est-il résulté de leur résurrection politique? Que depuis les sénatus-consultes ou les décrets impériaux qui renouvelèrent, en faveur de ceux qui rentrèrent alors, un miracle insigne, et depuis la restauration pour ceux qui ne sont rentrés qu'à cette époque, ils sont redevenus habiles à succéder, capables de témoigner en justice, susceptibles de remplir des fonctions publiques, enfin aptes à contracter des dettes et à souscrire des lettres de change, qu'ils sont par conséquent tenus d'acquitter; mais comme les lois ne peuvent rétroagir, il est évident que cette obligation ne peut légalement s'étendre sur les dettes antérieures à leur émigration et qu'elle ne le doit, sous le rapport de l'équité, que jusqu'à un certain point et dans les limites que nous avons indiquées, par la raison que le décret d'amnistie, la restauration et la loi d'indemnité n'ont pas replacé les Emigrés dans leur position primitive, qui, seule, pouvait leur imposer le paiement intégral de leurs dettes; il serait aussi injuste de leur faire subir les inconvéniens de leur ancienne situation lorsqu'ils n'en ont plus les avantages, qu'il l'eût été avant la révolution, de faire acquitter les charges d'une prébende, d'une abbaye ou de toute autre sinécure, par celui qui n'aurait pas été pourvu du bénéfice, et qu'il le serait aujourd'hui, de continuer d'exiger le paiement d'une contribution de celui qui aurait été dépouillé de la propriété sur laquelle elle serait assise.

« Nous reconnaissons, reprennent nos adversaires, qu'en renaissant à la vie civile, qu'en recouvrant leur capacité politique, les Emigrés n'avaient pu recouvrer celle de payer leurs anciennes dettes, parce que ces capacités, que vous avez énumérées, ne contiennent en elles et ne pouvaient par conséquent leur donner aucuns moyens pécuniaires, qui sont les seuls avec lesquels on puisse satisfaire des créanciers; mais depuis l'émission et la promulgation de la loi du 27 avril, l'impuissance des Emigrés à cet égard a cessé, et les demandes formées par ces derniers ont dû apporter aussi un changement notable dans la position de ces créanciers, puisque les Emigrés, en acceptant, en réclamant l'indemnité, qui ne peut leur être accordée qu'à la charge par eux de payer leurs dettes à concurrence de cette indemnité, en ont contracté au moins implicitement l'engagement, engagement que leur conscience, nous le répétons, leur ferait un devoir de remplir, lors même que les lois ne le leur prescrirait pas. »

Après avoir prouvé que légalement les créances des Emigrés antérieures à la confiscation étaient éteintes, nous avons dit que, sous le rapport de l'équité, il leur restait encore des devoirs à remplir; nous devons, avant de tracer le cercle qui les renferme, ce cercle que la justice et la raison ont décrit avant nous, répondre à la dernière objection de nos adversaires.

Lorsque les Emigrés furent atteints par la mort civile, tout ce qui était relatif à cette existence, tout ce qui s'y rapportait, dût prendre fin, et plus particulièrement l'obligation de payer leurs dettes dont l'extinction eût lieu, non-seulement en droit, mais en fait, au moment où tout moyen de paiement leur fut ôté ; et dans le cas où ils n'eussent pas été d'accord, le fait alors l'eût incontestablement emporté sur le droit, d'après l'ancien adage qui dit : *Là où il n'y a rien, le Roi perd ses droits.* Plus tard une nouvelle vie civile recommença pour les Emigrés ; tout ce qui la constitue est renouvelé, ou plutôt est recréé en eux. Nous avons fait connaître les avantages et les charges de la situation dans laquelle ils passèrent alors. Les dernières auraient-elles été exceptées de cette rénovation ? Les Emigrés auraient-ils pu reprendre, et reprendre sans qu'elles fussent modifiées, les obligations imposées à leur condition primitive, lorsque les moyens de satisfaire à ces obligations ne leur étaient pas rendus? Vous avez vous-mêmes négativement répondu à cette question. La loi d'indemnité étant venue changer encore le sort des Emigrés, des Emigrés dont la position actuelle ne ressemble en rien ni à celle qui l'a immédiatement précédée, puisque toutes les capacités qu'elle leur rendit ne leur donnèrent pas un écu pour pourvoir à leur subsistance, ni à celle dans laquelle ils étaient placés avant la confiscation, car ils jouissaient alors de la totalité de leur fortune. Cette loi a dû leur créer nécessairement des obligations nouvelles, des obligations analogues à leur position du moment, des obligations qui doivent être en rapport avec les avantages qu'elle leur procure, des obligations enfin proportionnées aux facultés qu'elle leur donne, qui ne peuvent être les mêmes que celles attachées aux différentes positions dans lesquelles ils ont successivement passé depuis trente-quatre ans. Mais n'a-t-on pas remarqué que les différentes transformations que les Emigrés ont subies depuis 1793 ; d'abord lorsque, de propriétaires qu'ils étaient, ils ne furent plus, lorsqu'ils revinrent à la vie civile, que de simples prolétaires, et lorsque, de prolétaires, ils viennent, par l'effet d'un nouveau coup de baguette, d'être changés en autant de rentiers ; n'a-t-on pas remarqué que ces différentes métamorphoses semblent avoir réalisé pour eux l'ingénieux système de Pythagore, qu'on avait cru jusqu'à présent n'être qu'une brillante fiction? Les Emigrés ont donc réellement, sous le rapport de leur existence civile et politique, et relativement à leurs facultés financières, changé de nature. Qui ne sait en effet que le propriétaire et celui qui ne l'est pas sont loin d'être dans la société des unités de même espèce et que ce sont dans l'Etat deux êtres très-distincts, n'y eût-il entre eux que cette différence, que l'un fait la loi tandis que l'autre la subit, elle serait immense. Ainsi donc il serait aussi déraisonnable, aussi absurde d'exiger d'un pauvre rentier, dont tous les moyens d'existence consisteraient en une inscription de rente, le paiement intégral des dettes contractées par un riche propriétaire, et il faut bien se persuader que la même personne, que le même émigré a été alternativement l'un et l'autre, et que le propriétaire étant défunt, il n'y a d'existant en lui que le rentier, qu'il le serait, dans le système de la métempsycose, d'exiger d'une plante inerte l'activité physique du quadrupède agile qu'elle aurait remplacé, ou l'éloquence entraînante et les traits sublimes du poëte ou de l'orateur dont le génie serait venu se reposer dans son sein.

» Mais, dit-on, il ne s'agit pas ici de faire l'im- » possible; il n'est question, pour les émigrés, » que de payer leurs dettes à concurrence de leur » indemnité; qu'est-ce qui empêcherait donc celui » dont l'indemnité s'élèverait à 100,000 fr., et qui » devrait une pareille somme, de payer intégrale- » ment ses créanciers? » Rien, certainement. Si vous, par exemple, à qui cette somme serait due, étiez son unique créancier; mais qui vous assure que la totalité des dettes contractées avant son émigration, sans compter celles faites depuis, ne s'élèvent pas à 200,000 fr., ou à une somme plus forte encore; et alors, en supposant qu'il n'y eût d'obligations que les premières, et que l'émigré et sa famille dussent être comptés pour rien par l'émigré lui-même, il n'en faudrait pas moins avoir recours au paiement *proportionnel*, et chercher pour établir cette proportion, pour trouver le rapport d'après lequel la répartition de l'indemnité devrait être faite entre les créanciers, un *marc le franc* toujours variable; un marc le franc qui s'élèverait aussi ou s'abaisserait, selon la différence en moins existant entre l'indemnité allouée et les dettes qu'elle devrait éteindre, qui le modifieraient sans cesse.

Ainsi la justice veut, et l'ordre qui doit régner dans le paiement des dettes des émigrés ne saurait en souffrir, qu'une règle générale soit établie, et qu'un mode uniforme soit adopté pour la répartition de leur indemnité: et cette règle qui doit pouvoir s'appliquer à tous les cas, hors à celui où le créancier ayant fait des actes conservatoires, aurait le droit, d'après la loi, d'exiger le paiement entier de la créance, à concurrence de l'indemnité, cette règle aura pour base, non la différence en moins qui pourrait exister entre l'indemnité et les dettes, mais celle aussi en moins qu'il y aura toujours entre cette indemnité et la valeur des immeubles dont on veut qu'elle tienne lieu.

Affranchis par les lois de leurs obligations envers ceux de leurs créanciers qui ont encouru la prescription trentenaire, les émigrés ne sauraient l'être aux yeux de leur conscience, de leur conscience, dont ils n'ont jamais cessé de suivre les nobles inspirations; de leur conscience, qui ne les égarera jamais, parce qu'elle les porterait plutôt au-delà de la ligne de leurs devoirs, que de les laisser en deçà; ils appelleront donc les créanciers, et leur diront: la fortune qui nous fut ravie, est en évidence; vous êtes par conséquent à portée d'en connaître comme nous la consistance, et d'en apprécier la valeur; procédons ensemble et de gré à gré à l'estimation des objets dont elle se compose, et nous verrons ensuite dans quel rapport elle est avec l'indemnité allouée, dont vous recevrez de nous ou de l'Etat, une part proportionnellement égale à celle qui nous est réservée. Il semble qu'en adoptant ce plan de conduite les émigrés devront se mettre à l'abri de tout reproche, et qu'ils fermeront la bouche à leurs créanciers; mais l'intérêt personnel et l'égoïsme ne calculent pas ainsi; l'égoïsme surtout, cette maladie morale qui trouble le jugement en même temps qu'elle éteint l'imagination; l'égoïsme qui borne la sphère de l'esprit, et retrécit les conceptions ; l'égoïsme qui dessèche le cœur, et flétrit l'ame ; l'égoïsme qui isole l'homme de son semblable, et le rend solitaire au milieu de la société ; l'égoïsme auquel viennent se rattacher, par un fil secret, toutes les mauvaises actions qui se commettent dans le monde ; le hideux égoïsme enfin, qui sera proclamé le père de tous les crimes, le jour où, remontant à leur origine, on en connaîtra la véritable source.

Il faudrait, pour que nos adversaires fussent pleinement satisfaits, que renonçant volontairement au bénéfice de la loi, et faisant l'entier abandon de ce qu'ils ont à attendre de la sollicitude du Monarque et de l'équité de la France, les émigrés, après avoir supporté toutes les injustices, et avoir été victimes de tous les gouvernemens, se trouvant juges dans leur propre cause, fussent injustes envers eux-mêmes, et vinssent s'offrir en holocauste à leurs créanciers ; peut-être pourrait-on attendre cet excès de désintéressement de ceux qui n'ayant jamais mesuré leurs sacrifices, méritèrent chaque fois qu'il fut question d'un acte de dévouement ou d'une action généreuse, d'être accusés d'exagération, de ceux qui tiennent à honneur d'être qualifiés d'*ultra*, parce que ce mot, quelque odieux et quelque ridicule qu'ait cherché à le rendre une faction ennemie, est le seul qui puisse exprimer le sentiment d'amour qu'ils portent à leur Prince et à la Patrie ; peut-être, disons-nous, ce sacrifice viendrait-il s'ajouter encore à tous ceux que les émigrés ont fait, si indépendamment des dettes contractées avant leur dépossession, ils n'avaient pas aussi à acquitter celle plus sacrée de la reconnaissance et de l'honneur, et à satisfaire les créanciers du malheur, bien autrement recommandables à leurs yeux, que ceux qui ne leur prêtèrent, au temps de leur prospérité, que sur la garantie de leurs biens, ou plutôt qui ne prêtèrent, ainsi que nous l'avons prouvé, qu'à leurs biens même. Quoi ! ce noble artisan qui, semblable à la Providence dont il remplissait les hautes fonctions, portait chaque jour à l'émigré dépourvu alors de tous moyens de subsistance, son *pain quotidien*, ce pain qu'il avait lui-même pétri, et qu'il arrosa souvent des larmes de la pitié; cet homme généreux, ce véritable philantrope, qui recueillit dans sa maison, lorsqu'il était chassé de la sienne par un *patriote*, qui ose aujourd'hui se dire libéral, le jeune et malheureux orphelin que le fer révolutionnaire avait épargné, le malheureux orphelin qu'il fit asseoir sur son foyer, et qu'il admit à sa table; eh quoi ! ces êtres bienfaisans, dont l'humanité s'honore, se verraient préférer le froid spéculateur, l'impassible capitaliste, l'usurier déhonté et peut-être l'acquéreur des propriétés de ces intéressantes victimes, lui-même qui, soulevant un aveugle scrupule, viendrait encore, un titre périmé à la main, leur ravir, ainsi qu'aux autres créanciers, leur part d'une chétive indemnité, comme il vint jadis, armé d'un bail à ferme, ou d'un procès-verbal d'adjudication, les dépouiller de l'héritage de leurs ancètres !... Non, Dieu qui ne veut pas que les trônes s'écroulent, et que la société périsse, Dieu qui n'abandonna jamais les siens, ne permettra pas que ceux qui mirent en lui leur confiance, soient punis pour avoir cru à sa justice, et n'avoir pas désespéré de celle des Bourbons !

Et d'ailleurs, lors même que quelques émigrés privilégiés par la fortune, seraient parvenus, favorisés par le hasard de quelque circonstance particulière, au terme de leurs souffrances, sans avoir eu recours aux emprunts, n'ont-ils donc pas, ces émigrés, des enfans auxquels ils doivent indépendamment de la nourriture, des vêtemens et d'une éducation analogue à leur position sociale, la transmission des débris de la fortune qu'ils reçurent de leurs pères ; que dirait-on de celui qui, au préjudice de ses héritiers naturels, de ses propres enfans dont il n'aurait pas eu à se plaindre, laisserait par testament au premier étranger venu, tout ce dont la loi lui permettrait de disposer, et qui non content de cela, simulerait encore des dettes pour leur porter un plus grand dommage et compléter leur misère ; personne sans doute ne songerait à justifier et encore moins à imiter une semblable conduite ; eh! bien, cette conduite, qui ne manquerait pas de soulever la clameur publique et d'exciter l'indignation générale ; cette conduite, serait précisément celle de l'émigré père de famille, qui disposerait en faveur des créanciers, d'un capital précieux, en leur comptant en entier des sommes dont ils ne leur devraient qu'une partie ; ces créanciers se trouvant ainsi gratifiés, aux dépens des enfans, nous disons aux dépens des enfans, parce que hors les cas extraordinaires dont on n'argüe jamais, les capitaux leur parviennent toujours, il en résulterait que ces mêmes enfans, véritablement déshérités, se trouveraient par le fait sous le poids d'une exhérédation anticipée ; or, que pourrait faire de plus, nous le demandons, le père dénaturé qui nourrissant dans son cœur des sentimens de haine contre sa famille, aurait résolu sa ruine.

Et celui qui jeune encore, ayant été saisi pour ainsi dire aux portes de la vie par l'adversité, n'a pu goûter ni les charmes de l'hymen, ni les douceurs de la paternité; pense-t-on qu'il n'ait pas aussi des devoirs à remplir? Il n'aurait donc jamais reçu, l'infortuné, les consolations de l'amitié; mais, ce parent éloigné qui le reçut au retour du glorieux exil, et l'ancien compagnon des jeux de son enfance, qui lui offrit aussi une généreuse hospitalité, l'auraient-ils trouvé insensible à un procédé si rare? Se pourrait-il que ces véritables amis, qui l'accueillirent tour à tour et lui donnèrent dans leur maison, l'un la place qu'il aurait destinée à un fils, l'autre celle qu'il eût réservée à un frère, n'eussent pas des droits à sa gratitude? Plus d'une fois sans doute, dans le cours d'une promenade solitaire, dansle silence d'une contemplation méditative et pendant une nuit rêveuse, car le malheureux à qui la réalité manque souvent, a besoin de rêver; plus d'une fois portée sur les aîles de l'imagination, vers un avenir incertain, sa pensée reconnaissante saisissant, dans le vague de cet avenir, l'espérance d'une meilleure fortune, en destina les prémices à ceux qui lui prodiguaient de si touchans bienfaits! serait-il donc possible que les oubliant tous et n'écoutant plus qu'une fausse délicatesse et un stupide scrupule, un stupide scrupule qui serait pris pour une aveugle prédilection, pour une préférence capricieuse et peut-être pour de l'ingratitude, il vînt à donner de son vivant, à des créanciers dont les démarches et les actes hostiles n'ont pas laissé de doutes sur leurs dipositions, à son égard, ce que la reconnaissance lui faisait un devoir et ce qu'il s'était promis à lui-même de laisser au moins après sa mort à ceux qui prirent soin de lui pendant sa vie.

—

Si, par impossible enfin, un émigré était assez heureux pour n'avoir point de dettes postérieures à son émigration, et assez infortuné en même temps, pour n'avoir ni parent, ni ami auxquels il pût léguer ses rentes ; eh! bien, il ne lui serait pas encore permis à cet émigré, d'abandonner aux créanciers la jouissance de la totalité d'une indemnité dont il ne leur devrait en réalité qu'une partie ; il pourrait bien, s'il le jugeait convenable, choisir parmi eux son héritier, et leur faire à tous par testament, la distribution de ses inscriptions, et en cela il ne ferait que mettre en pratique les vertus évangéliques, et accomplir cet admirable précepte de notre religion, qui veut que l'on rende le bien pour le mal et que l'on fasse du bien à son ennemi ; car, il ne pourrait s'empêcher de considérer comme tel, celui qui n'ayant voulu entendre à aucun arrangement et ayant repoussé les propositions les plus justes, arrêta la liquidation, et s'empressa de faire opérer la saisie de ces mêmes rentes dont il serait aujourd'hui gratifié ; mais quant à l'usufruit, nous n'hésitons pas à dire qu'il devrait encore à la mémoire des membres de sa famille qui ne seraient plus, il devrait à son nom, que nous supposons avoir toujours été porté avec honneur, de sortir de l'état d'objection où se trouve toujours réduit, celui que l'indigence place sous la dépendance des autres ; il se devrait enfin à lui-même, de reprendre, de reconquérir par tous les moyens légaux possibles, le rang que ses ancêtres avaient donné dans le monde et qu'il occupait lui-même, le rang dont la violence et la pauvreté ont pu momentanément le faire descendre, mais qu'il n'a jamais abdiqué.

Actuellement que nous avons prouvé, 1.° que

les émigrés et leurs créanciers, laissés dans le droit commun pour ce qui concerne la prescription, par la loi du 27 avril, sont, sous le rapport de la légalité, libérés envers ceux de ces créanciers qui ont encouru la prescription trentenaire; 2.° qu'ils doivent cependant, pour satisfaire à l'équité, placer ces créanciers, porteurs de titres antérieurs à la confiscation, dans la position où ils sont eux-mêmes, en les payant dans la proportion de l'indemnité qu'ils vont recevoir; 3.° qu'ils ne peuvent dans aucun cas, dépasser cette mesure, parce qu'alors ce serait une libéralité qu'ils ne pourraient faire qu'au dépens d'engagemens récens, en négligeant des devoirs sacrés; nous allons examiner la situation particulière de l'héritier en ligne collatérale d'un émigré à qui va échoir l'indemnité que cet émigré aurait touchée.

TROISIÈME PARTIE.

La position de l'ayant droit d'un Émigré est-elle, sous le rapport de la conscience, la même que celle de la personne qui aurait contracté la dette ?

Ici la question change d'espèce? il s'agit des charges d'une succession que l'on voudrait faire acquitter par celui qui ne l'a pas recueillie, et de dettes que l'on prétendrait faire payer par ceux qui ne les ont pas contractées. On dit à M. de M., en faveur de qui un de ses parens avait disposé de ses biens, avant son départ pour Coblentz: « Vous » êtes l'héritier de M. votre oncle, par conséquent » c'est à vous de payer ses dettes? » Moi l'héritier de mon oncle, répond-il, je sais bien que je figure comme tel dans son testament; mais, je sais, en même temps, que je n'ai pas recueilli l'héritage, et que je ne le recueillerai jamais; allez donc vous faire payer par le Gouvernement qui s'en empara, ou par les personnes qui en sont aujourd'hui détentrices. Les créanciers iront-ils trouver les acquéreurs des biens de l'oncle de M. de M.? Non sans doute, parce que ceux-ci leur prouveraient, leur contrat d'achat à la main, qu'ils les ont acquis libres de toute charge; se présenteront-ils au Gouvernement? Encore moins, parce que celui-ci leur dirait: si vous n'êtes pas payés de vos créances, c'est parce que vous n'avez pas voulu l'être; les deux Gouvernemens qui m'ont précédés ont fait ce qu'ils ont pu pour que vous le fussiez, en vous appelant par une loi spéciale et par plusieurs circulaires administratives et en créant une commission de liquidation, instituée pour recevoir vos titres, qui a demeuré permanente jusques au 1.er janvier 1810: vous avez en outre laissé écouler trente années, sans faire d'actes conservatoires; il résulte de tout cela, que vos titres sont périmés, que la prescription est consommée, et que la dette est éteinte. Ils iront donc de nouveau, les créanciers, trouver M. de M., M. de M. qu'ils savent appartenir à cette caste ignare, M. de M. qu'ils savent faire partie de ces Royalistes imbécilles dont on a ordinairement bon marché en matière d'intérêt, de ces royalistes que l'on spolie avec tant de facilité, qui se laissent dépouiller sans mot dire, et feront encore une tentative près de lui. Mais ils ne tendent à rien moins, dit-on, qu'à absorber toute l'indemnité? Eh! bien, ils parleront de conscience et d'honneur, d'honneur surtout, et vous verrez qu'à l'aide de ce mot magique qui fit toujours palpiter le cœur du noble Condéen, qui lui transmit avec son sang son enthousiasme, nous allions dire chevaleresque, son enthousiasme gothique, ils en obtiendront l'entier abandon de son indemnité. Mais c'est la seule propriété qu'il possède, ce sera peut-être son unique ressource? Et qu'est-ce que cela fait, ne vivait-il pas sans elle? En vérité on serait tenté de croire à l'existence d'un préjugé d'après lequel on penserait que les émigrés qui rentrèrent en France dépouillés de tout, hors du seul bien qu'il n'était pas au pouvoir de la révolution de leur ôter; que les émigrés, dont chacun pouvait dire alors comme le roi chevalier le lendemain de la bataile de Pavie : « *J'ai tout perdu fors l'honneur*, » peuvent et doivent, ainsi que leur famille, vivre de ce seul bien et de la grâce de Dieu.

Il est donc essentiel dans les intérêts de tous ceux qui se trouvent placés dans la position de M. de M., de la bonne foi et de la loyauté desquels on pourrait abuser, que cette partie délicate de la question soit éclairée; ayant été traitée dans la disposition générale sous le rapport de la légalité; il ne reste plus maintenant qu'à l'envisager sous celui de l'équité; et pour cela nous devons, nous qui nous sommes chargés de cette tâche, négliger les formes qui nous éloigneraient de la vérité, unique objet de nos recherches, pour ne nous occuper que du fond; laisser de côté les moyens, pour ne venir qu'à la fin; écarter en un mot tout ce qui, dans les actes ayant eu pour objet d'investir les nouveaux propriétaires des biens que possédaient dans l'origine les émigrés, fut de pure formalité, pour ne considérer que le résultat définitif. Abordons les faits : l'oncle de M. de M. vient à émigrer, et par suite de la mort civile dont il fut frappé, ses biens, après avoir demeuré quelque temps entre les mains du gouvernement, passèrent dans celles des individus qui en sont aujourd'hui détenteurs. L'oncle de M. de M. a donc eu réellement et de fait pour héritier, ces individus qui furent alors improprement qualifiés d'acquéreurs : car si l'interposition passagère du gouvernement entre la succession et les véritables héritiers, fut de trop peu de durée pour que l'ensemble des formalités que nécessita sa cessation pût être considéré comme vente, les déboursés auxquelles elle donna lieu de la part de ces derniers, furent aussi trop faibles pour qu'ils puisent être regardés comme le prix d'une acquisition, d'autant plus que par le moyen de ces déboursés, les immeubles furent dégagés des dettes qui pesaient sur eux, et dont le gouvernement voulut bien se charger. Celui-ci a-t-il rempli ou a-t-il négligé cette obligation ? c'est ce que dans l'état de la question il importe peu de savoir.

Une loi d'indemnité est depuis intervenue, et par l'effet de cette loi, M. de M. va recevoir des inscriptions de rente sur l'état, dont la valeur vénale et par conséquent réelle est très inférieure aux sommes mentionnées sur ces inscriptions, lesquelles, elles-mêmes, ne représentent que le tiers de celle à laquelle était portée la totalité des immeubles qui composaient la succession qu'il devait avoir. On demande si, dans cet état de choses, M. de M. est tenu de payer, et de payer intégralement les dettes de son oncle. Nous n'hésiterons pas à répondre qu'il serait absurde, que le bon sens et la raison se révolteraient de voir acquitter intégralement par celui qui ne l'a pas recueillie, les charges d'une succesion dont l'indemnité ne peut jamais représenter qu'une fraction plus ou moins minime. On peut conclure à la rigueur qu'avec beaucoup d'exaltation et de niaiserie d'une part, et beaucoup de partialité et d'injustice de l'autre, quelques créanciers et quelques émigrés s'exagérant, les uns leurs droits et les autres leurs devoirs, puissent penser que les émigrés doivent payer jusques au dernier sou leurs dettes, non seulement à concurrence de leur indemnité, quelque mince qu'elle soit, mais encore jusqu'à l'entier épuisement des autres ressources qui pourraient leur être advenues, soit par le bénéfice qu'ils auraient pu faire dans le commerce ou toute autre industrie à laquelle ils auraient éte obligés de se vouer pour vivre; soit parce qu'ils auraient gagné à la loterie ou au jeu. Mais que celui qui n'a pas emprunté et qui par conséquent n'a pas pris l'engagement de rendre; que celui pour le compte duquel n'a pas été rempli l'objet utile de l'emprunt; que celui qui n'a pas profité des avantages qu'il a procurés à celui qui l'a fait; que celui qui n'a pas joui de l'agrément et sur lequel n'a pas réjailli l'éclat qui est résulté pour l'emprunteur de la dépense que l'a mis à même de faire l'argent dont le prêt constitue la somme; qu'un collatéral, enfin, soit tenu d'acquitter intégralement une dette à laquelle il était étranger quand elle a été contractée, lorsqu'il ne possède pas les biens sur lesquels elle était hypothéquée, et qu'il ne va recevoir qu'une faible indemnité; indemnité qui ne peut au fond être appelée telle, puisqu'elle n'a pas été calculée sur la valeur réelle de l'objet que l'on dit qu'elle représente ; non, c'est ce qui ne peut être pensé et par conséquent dit sérieusement, et encore moins soutenu de bonne foi par personne. Eh bien! « C'est cependant dans cette indemnité, » disent nos adversaires, que git maintenant, que » consiste la succession de M. de M. ; et ce qui » prouve que M de M. lui-même le pense ainsi, » c'est qu'il a pris la qualité d'héritier dans la de- » mande qu'il a faite de cette indemnité. Ce n'est en » effet qu'à ce titre qu'il pouvait la réclamer, ce » n'est qu'à ce titre qu'elle lui sera allouée, » et ce n'est qu'à ce titre qu'il pourra en jouir ; et » par le seul fait de la présentation, au Préfet de » son département, de la pétition, en demande de » cette indemnité, signée de lui, M. de M. a irré- » vocablement accepté, avec ses bénéfices et ses » charges, en quoi que les uns et les autres puis- » sent consister, l'héritage de son oncle, lequel » tout réduit et tout motifié qu'il puisse être, n'en » est pas moins son héritage. »

M. de M, dites-vous, a accepté l'indemnité, qui n'est que la réprésentation de la succession de son oncle. Il a fait plus, il l'a réclamée lui-même ; oui, mais ce ne peut être que dans la pensée conforme en tout à notre conviction que rien ne saurait changer, que cette indemnité ne doit, ne peut représenter aux yeux de la vérité et de la conscience, que la partie de la succession qui se trouve être d'une valeur exactement égale à l'indemnité. Cependant, on dit plus encore, on dit que l'indemnité est l'héritage lui-même ; mais, vous qui le prétendez, oseriez-vous certifier l'identité de deux choses si dissemblables? Il faudrait pour persister dans ma proposition, que nous nous abstenons de qualifier, et pour la soutenir avec succès, il faudrait que nos adversaires, bien plus plus puissans encore que ne le fut le pouvoir le plus oppressif qui jamais ait pesé sur la terre, qui ne put confisquer que les biens, commençassent d'abord par confisquer le bon sens et la raison, d'après lesquels se forme toujours cette opinion, reine du monde, qui juge les hommes et les choses.

Mais de quoi se composait donc l'héritage dont a été dépouillé M. de M.? De quoi il se composait : de l'antique maison de sa famille où reposent les cendres de ses ayeux ; de ce champ qui devait le nourrir ; de cette fontaine destinée à le désaltérer; de cet enclos qui produit le vin qui devait réchauffer et réjouir sa vieillesse ; de ces arbres séculaires qui lui présentant un abri contre les ardeurs de l'été, devaient aussi l'hiver alimenter son foyer ; de cette prairie où s'engraissait le troupeau dont la toison aurait pu au besoin le vêtir. On demande à nos contradicteurs eux-mêmes, s'il y a similitude entre le coupon léger que le vent qui souffle à la bourse, élève et abaisse à son gré, et ces objets tous palpables, compacts et d'une utilité incontestable ; nous leur demanderons si ces produits du sol, qui sont les biens réels, qui sont la véritable richesse, puisque ce n'est qu'avec eux que l'on peut immédiatement pourvoir aux nécessités de la vie, peuvent avoir leur équivalent, peuvent trouver leurs analogues dans ce fragile papier dépourvu de qualité qui lui soit propre et sans valeur intrinsèque, qui, dépouillé de celle que lui prête le pouvoir, laisserait mourir de faim son malheureux possesseur!

Dans ce fragile papier sujet par sa nature à toutes les chances du hasard, aux caprices de l'inconstante fortune et aux fluctuations de l'opinion; dans ce fragile papier qu'une perte attractive et irrésistible attirera bientôt du fond des départemens, au sein de cette capitale qui centralise tout, qui aspire tout, pour le précipiter dans cette fatale bourse où chaque jour l'impérieux besoin sacrifie au moment qui s'écoule les jours, les mois, les années qui s'écouleront, dans cette fatale bourse, où l'on verra la cupidité spéculant sur les plus nobles infortunes, et trafiquant avec le malheur, faire par le présent escompter l'avenir!

L'indemnité n'est donc pas l'héritage : et puisque l'indemnité n'est pas l'héritage, et qu'il n'y a que la possession de ce dernier qui puisse obliger au paiement des dettes dont il est grévé, il est évident que M. de M., qui ne doit jouir que de l'indemnité, de l'indemnité qui ne peut être d'une valeur égale, et qui n'est même pas d'une nature semblable à celle de l'héritage, en bonne justice, ne devrait rien aux créanciers de son oncle; mais en supposant que les objets confisqués et l'indemnité fussent homogènes, en supposant plus encore, en supposant qu'elle fût prise cette indemnité dans l'objet confisqué lui-même, c'est-à-dire que le gouvernement, pouvant encore disposer des biens ayant appartenus à son oncle, ne délaissât à M. de M., une partie qui se trouverait égaler en valeur la somme portée au bordereau de son indemnité, alors même, M. de M., dont la position serait cependant bien plus avantageuse que celle qui l'attend, ne serait pas tenu au paiement intégral des dettes, mais seulement au paiement proportionnel.[1] Pour bien s'en convaincre il suffit de réfléchir que lorsqu'un prêt s'effectue, l'universalité des biens de celui qui emprunte se trouve frappée, à moins qu'elle ne porte particulièrement sur un objet, et alors elle est spéciale et elle doit être légalement constatée sur les registres du conservateur, d'une hypothèque morale, d'où il résulte qu'aussitôt que le prêt est effectué, qu'à l'instant où la dette est consentie, elle s'insinue et pénètre, s'il m'est permis de m'exprimer ainsi, dans la propriété dont elle embrasse à la fois et également toutes les parties, en telle sorte que s'il était possible qu'après avoir été divisée en plusieurs fractions elle pût ensuite être subdivisée en mille, outre chaque parcelle, fût-elle infiniment petite, elle n'en emporterait pas moins avec elle et contiendrait par conséquent en elle une portion proportionnellement égale de la dette dont elle serait chargée et que serait tenu d'acquitter celui à qui elle serait échue en partage.

« Nous convenons, disent nos contradicteurs,
» que l'indemnité n'est pas l'héritage; mais qu'im-
» porte que l'indemnité soit ou ne soit pas l'héritage,
» si pour ce qui concerne les dettes, elle est desti-

[1] Nous proposerons cet exemple à ceux qui pensent que M. de M., serait tenu au paiement intégral.

S'il était possible qu'un homme dont toute la fortune aurait consisté en rentes sur l'état, eût trouvé à emprunter une somme considérable, ce que nous ne pensons pas, parce que les rentes ont toujours été insaisissables, en supposant que ce rentier fût mort, et que, par conséquent sa succession eût été ouverte précisément le jour où la rente fut réduite au tiers; penserait-on que l'héritier qui aurait perdu les 2/3 de l'héritage qui devait lui revenir en entier, dût consacrer encore celui qui lui restait, et dédommager entièrement le créancier qui alors ne perdrait rien, tandis que l'héritier perdrait tout, puisque son tiers serait absorbé par l'indemnité qu'il payerait au créancier.

» née à en tenir lieu, et comme d'après la loi » il n'y a point d'héritage tant qu'il existe des » dettes, il faut que celles de l'oncle de M. de » M..., soient préalablement et intégralement ac- » quittées, dût-il en résulter l'absorption entière » de l'indemnité; d'ailleurs l'intention de celui » qui dispose, est toujours que ses dettes soient » payées avant tout. »

L'indemnité, dites-vous, doit relativement aux dettes tenir lieu de l'héritage et être employée comme l'eût été celui-ci à les éteindre; c'est comme si l'on disait que deux choses de valeur inégale, de nature opposée et ayant des qualités différentes, pouvaient être appliquées aux mêmes usages, et devaient donner les mêmes résultats; nous n'ajouterons rien à ce que nous avons déjà dit à ce sujet. « Il n'y a pas d'héritage tant qu'il y a des dettes, dit la loi. » Nous ne chercherons certainement jamais à porter atteinte au respect qui lui est dû, et à dissiper le prestige salutaire qui entoure toujours ce qui émane du sanctuaire de la justice; mais nous ne pouvons nous empêcher de répéter ici que la loi est transitoire, et que par conséquent ce qu'elle disait hier, ce qu'elle dit encore aujourd'hui, elle peut cesser de le dire demain; d'ailleurs, si elle dispose que les dettes doivent être préalablement payées elle dispose en même temps, qu'elles prescrivent au bout de trente ans; ainsi le terrain de la légalité cède toujours sous les pas de nos adversaires; seront-ils plus heureux sur celui de l'équité et de la raison; c'est ce que nous allons voir. Celle-ci nous dit, qu'une loi faite dans un temps calme et pour des circonstances ordinaires, qui ne détermine que les cas qui pouvaient alors être prévus, doit être insuffisante pour l'époque où nous vivons, où l'on se trouve placé entre une révolution qui a renversé beaucoup d'existences et une restauration qui tend à les relever; les mouvemens en sens contraire, les oscillations, qui depuis trente sept ans ont agité la France, y ayant créé des situations toutes nouvelles, il faut aussi une nouvelle législation qui s'adapte à ces espèces qui n'ont pu entrer dans les combinaisons du législateur, parce qu'elles étaient hors du domaine de ses prévisions; nul doute que s'il avait eu le don de prescience, et qu'il eût vu dans l'avenir la révolution avec ses confiscations et la restauration avec son indemnité, il n'eût dans la loi qui règle la succession, fait des distinctions nécessaires, et établi des exceptions indispensables. Mais, en attendant la loi future qui fixera les idées sur la matière, comment doit-on procéder, lorsque, se trouvant dans cette disposition non définie par la loi actuelle, on a besoin de se faire soi-même une règle de conduite, ou que faisant partie d'un tribunal appelé à juger la question, il est plus nécessaire encore de se former une opinion saine; il faudrait, si cette question était complexe, remontant à l'époque, quelque reculée qu'elle fût, où la loi a été rendue, étudier dans les auteurs du temps l'histoire, les usages, les coutumes et surtout les mœurs de ces temps anciens, parce que les mœurs ont toujours dominé la législation; se trouvant par ce moyen mentalement en présence des circonstances qui entouraient le législateur, lorsqu'il fit la loi; de ces circonstances d'après lesquelles on pourrait juger des nécessités de la société dans l'état de civilisation où elle était alors; on embrasserait dans toute son étendue le cercle des idées dans lequel devait rouler la pensée du législateur, et l'on arriverait par là, à la connaissance, nous ne disons pas seulement approximative, mais exacte, de son intention; ici la question est trop facile pour rendre nécessaires ces précautions; il suffit en effet du plus léger examen pour se convaincre que le principe de la loi qui règle les dispositions testamentaires, ainsi que toutes les autres dispositions en général, porte sur une idée simple qui résulte elle-même de ce fait incontestable, que l'on ne peut donner que ce qu'on a; il est évident que c'est ce qu'entend la loi lorsqu'elle dit : « qu'il n'a point d'héritage tant qu'il y a des dettes, » et que ces mots se rapportent, non à l'héritier que sa position naturelle soumet à la volonté du testateur, dont le paiement des dettes est toujours dans le cas ordinaire la condition tacite de l'héritage; mais à ce dernier à qui on a voulu ôter par là le moyen de frustrer ses créanciers.

L'oncle de M. de M., dans le cas où sa fortune s'élevât à 300,000 fr., et qu'il en dût 100,000, a donc gratifié son neveu et les légataires particuliers de 200,000 fr.; il n'a pu leur donner davantage, encore que ces biens en valussent 300,000, parce qu'il n'avait plus réellement à lui que 200,000 fr. Ainsi, les effets de la loi de confiscation ont été, relativement à la succession de l'oncle de M. de M., d'enlever aux héritiers les 200,000, qui leur revenaient, et aux créanciers, les 100,000 qui leur étaient dus; les voilà donc, les uns et les autres, frappés par le même événement; les voilà victimes de la même spoliation ; mais la loi du 27 avril est rendue, l'indemnité est annoncée comme devant être intégrale, et l'art. 2, qui parle d'un fonds commun destiné à réparer les inégalités, semble d'abord confirmer cette espérance ; M. de M. se présente en qualité d'héritier de son oncle et forme sa demande, demande dans laquelle il n'eût pas manqué de faire des réserves, non relativement au gouvernement, mais relativement aux créanciers, s'il avait pu croire que l'indemnité n'eût pas été entière ; enfin il reçoit son bordereau qui, loin de lui présenter l'équivalent de l'héritage dont il est à jamais privé, ne lui offre qu'une somme qui n'égale pas le tiers de la valeur des immeubles formant la consistance de son héritage ; là dessus, les créanciers vont trouver M. de M., et lui font, à l'envi, des propositions plus extraordinaires les unes que les autres ; c'est une cession sur l'indemnité du montant total de la créance que l'on réclame ; c'est un engagement personnel d'une somme égale au capital de la dette payable à 5 o/o que l'autre exige, et tous le menacent, en cas de refus, de faire saisir dans les mains du gouvernement, l'indemnité. On sent que ces propositions, qui tendent toutes à absorber l'indemnité de M. de M., et par conséquent à le deshériter, ne peuvent être reçues par lui ; il parle donc à son tour du paiement proportionnel, et dit qu'il fera participer les créanciers d'après la même règle au fonds de reserves; mais les offres sont repoussées avec dédain ; on ne veut l'admettre à aucune espèce de partage ; on prétend avoir tout, et et qu'il n'ait rien, par la raison, dit-on, que « les » droits des créanciers sont seuls sacrés, et que ceux » des légataires, surtout des légataires en ligne

» collatérale, qui n'ont jamais dû s'attendre à succé-
» der à un parent plus ou moins éloigné, sont peu
» respectables, et ne doivent d'ailleurs marcher
qu'en dernière ligne.[1] » Arrêtons-nous un moment sur ces paroles, et ne souffrons pas qu'elles passent sans réponse, car c'est ainsi que les fausses doctrines se propagent, et que les préjugés s'établissent; nous allons heurter, nous le savons, une erreur depuis long-temps érigée en principe, parce qu'en général, dans le monde où tout est superficiel, tout est admis sans examen, par la raison que tout y est cru sur parole; « les droits des créanciers sont sa-
» crés », oui sans doute, lorsque la dette l'est elle-même, et alors encore ils ne le sont que pour le débiteur direct, qui est le seul qui ne puisse pas avoir d'incertitude sur la nature et l'origine de la créance; ils le sont encore aux yeux des tribunaux qui ne connaissant et ne pouvant connaître que des formes, préjugent toujours d'après elle le fond; mais un collatéral, qui arriverait de cent lieues, pour recueillir la succession d'un vieux parent qu'il n'aurait jamais connu, et dont par conséquent il ignorerait le caractère et les habitudes; un collatéral pourrait-il, nous le demandons, considérer comme tels les droits des créanciers? Qui lui assurerait, par exemple, que les mémoires de l'épicier, le livre de raison du marchand de comestibles et les comptes du tailleur et de l'apothicaire qui lui furent soumis à la descente de la diligence, n'ont

[1] Nous ne nierons pas, qu'en thèse générale, et dans les cas ordinaires, les droits des créanciers ne doivent marcher en première ligne; mais dans celui dont il est ici question, les droits des créanciers et ceux des héritiers naturels ou institués doivent, aux yeux de la raison, de l'équité et de la conscience, marcher *parallèlement*; nous croyons inutile de revenir ici sur la preuve que nous en avons déjà donnée.

pas été rédigés par la mauvaise foi, et grossis par la fraude? Qui lui garantit, à ce collatéral, que le contrat, sur lequel il a les yeux fixés, ne provient pas d'une épouvantable usure? Que ce billet à ordre qu'on lui présente, n'est pas le produit d'un gain illicite, ou d'une perfide escroquerie? Que cette lettre de change encore pliée dans la main tremblante de celui à qui elle a été consentie, qui la déroule lentement, ne fut pas extorquée à la crainte, et arrachée par la violence? Peut-être ces créances sont-elles toutes légitimes; mais comment le savoir? Peut-être encore n'y en a-t-il qu'une partie dont la source soit impure; mais comment les distinguer? A quels signes les reconnaître? ces dernières seraient-elles celles dont les titres présentent quelques négligences, quelques omissions? Non, car la mauvaise foi, est précautionneuse de sa nature, et l'homme indélicat en affaire, est ordinairement formaliste; sans doute, parce qu'il prétend corriger par les apparences les défauts de la réalité, et compenser, en soignant les formes, les fautes graves qui lui échappent, sous le rapport du fond; ce seront donc celles, au contraire, dont les pièces qui les constatent ne laissent rien à désirer pour la régularité; mais ne sait-on pas que la Providence permet souvent que le crime se décèle par quelque inadvertance, et qu'il est d'ailleurs naturel que dans l'émotion, dans l'agitation que doit éprouver celui qui le commet, il oublie quelque chose: le moyen donc de découvrir la vérité; il résulte de tout cela, une méfiance vague, un doute général, qui plane sur toutes les créances, qui nous semble peu compatible avec le caractère dont on veut les revêtir; caractère, au reste, qui ne peut être le partage que de ces objets mystérieux et divins, offerts par la religion, à la croyance et à l'adoration des mortels!

Mais si ce mot, dont on fait, dans le monde, un si étrange abus, et dont nous improuvons l'usage, si ce mot pouvait convenir aux choses humaines, et qu'il fallût absolument l'appliquer aux droits des légataires ou des créanciers, auxquels seraient dus la préférence? Serait-ce à ceux qui présentent de si justes motifs de défiance, ou bien à ces droits positifs qui, résultant d'une acte authentique que précède ou que suit ordinairement de près la réception du plus auguste et du plus redoutable des sacremens, ne laissent aucun doute sur leur légitimité; d'un acte exprimant la dernière volonté du défunt dicté dans le calme des passions, devant témoin, à un officier public investi de sa confiance et de celle du gouvernement; d'un acte qui dans ce moment solennel, doit être considéré comme le dernier adieu que l'homme fait à la vie, en présence de la mort, aux portes de l'éternité!.....

« Les droits des créanciers sont les seuls sacrés, » ceux des légataires sont peu respectables. » Peut-on outrager plus audacieusement la mémoire des morts! des morts, qui furent l'objet de la vénération des anciens et de leur culte; des morts, pour lesquels le christianisme a, dans ses pompes, consacré un jour et réservé une fête. Oh! s'ils pouvaient se réveiller dans la nuit éternelle, ou plutôt s'il était possible qu'au sein des béatitudes infinies ils pussent songer encore aux choses passagères de ce monde, le cri de leur indignation percerait la voûte céleste et viendrait frapper de terreur ceux qui les insultent, par le mépris qu'ils font de ce dernier acte de leur volonté, qui fut toujours le plus respectable et le plus respecté ; de cet acte tellement grave et qui demande tant de réflexion, qu'il faudrait, si l'on pouvait se promettre de conserver jusqu'alors l'usage de la raison, attendre pour le conclure le dernier jour de son existence ; de cet acte enfin, qui protestant contre le trépas, vient, lorsque tout ce qu'il y a de périssable en lui va finir, offrir au cœur de l'homme qui aima, un refuge inaccessible à ses coups, puisqu'il est destiné à faire revivre et à perpétuer jusqu'à la fin des siècles l'amour des père et mère pour leurs enfans, la tendresse des époux, l'attachement des pères, l'estime, l'amitié, la reconnaissance, en un mot, tous les sentimens honorables dont il devient un monument éternel !

Que l'on songe encore que la propriété si violemment ébranlée par la confiscation, recevrait de ce dangereux prejugé, s'il venait à se former dans l'opinion, un nouveau choc, puisqu'il présenterait comme contestable, le droit jusqu'à ce moment incontesté, que l'on a de disposer de ce que l'on possède ; droit que la loi sur la succession a déjà suffisamment restreint ; il tendrait aussi à enlever à l'homme le plus beau privilége que la propriété puisse lui donner, puisqu'il l'assimile quelque fois à la providence, et à le dépouiller de cette faculté précieuse, qu'il a de faire naître, lorqu'il l'exerce, un sentiment qui doit avoir quelque chose de la reconnaissance dont la divinité est l'objet, puisqu'il dérive de la même cause, et qu'il provient, comme celle-ci, du bienfait.

« L'intention de celui qui dispose est, toujours, » que ses dettes soient payées avant tout. » Oui, sans doute, mais par qui entend-il qu'elles le soient, n'est ce pas par celui à qui parviendra son héritage? Or, peut-on dire, avec vérité, que M. de M. soit en possession de celui de son oncle? Mais supposons que ce qui n'a été que le résultat de l'abus de la force, fut celui de la volonté du testateur, et que les propriétaires actuels qui ne possédent que par la transmission que leur fit de ses droits usurpés le gouvernement spoliateur, possédassent en vertu d'un acte, par lequel le défunt aurait disposé en leur faveur, précisément des objets dont ils jouissent; qu'arriverait-il alors? qu'étant tenus d'acquitter les charges de la succession, dans la proportion de la part qu'ils y auraient à titre d'héritier universel, chacun pour la partie qui lui serait afférente, il ne resterait plus rien à payer par M. de M., que son oncle, d'ailleurs, n'avait entendu charger de l'acquittement entier de ses dettes, que parce qu'il entendait aussi qu'il jouît de l'universalité de ses biens. Il est donc de la dernière évidence que M. de M., qui ne possède pas et n'a jamais possédé un sillon de terre des immeubles sur lesquels reposaient ces dettes, ne pouvait, dans cette hypothèse, être obligé de les payer.

« Mais une loi d'indemnité a été promulguée, » et par cette loi, le gouvernement du roi, qui ne » peut rendre à M. de M. l'héritage dont la tour- » mente révolutionnaire a depuis long-temps dis- » persé les débris, lui restitue le prix des ventes qui » en furent faites. »

Aussi M. de M. entend-il placer les créanciers dans la position où il est lui-même, c'est-à-dire, qu'il fera subir à leur créance les réductions qui résulteront dans l'indemnité qu'il attend des fausses évolutions d'après lesquelles les ventes qui servent de base à cette indemnité ont été faites; si donc celles qu'il attend, comme héritier de son oncle, ne représentent pas, ainsi qu'il peut le prouver, le tiers des immeubles composant la succession, M. de M. pensera non seulement avoir rempli ses obligations et avoir fait tout ce que l'honneur et l'équité commandent, mais encore, il croit avoir satisfait les exigeances de la conscience la plus timorée, lorsqu'il aura payé à ses créanciers, en inscription de rente sur l'état, le montant du tiers de leurs créances, sauf à compter de nouveau avec eux, lorsque son dividende, sur le fonds réservé, sera connu, et qu'il en aura touché le montant.

Si s'appuyant toujours de l'intention présumée de l'oncle de M. de M., nos adversaires persistaient à soutenir que les dettes doivent être entièrement payées par ce dernier; après avoir démontré qu'en droit, selon les règles de l'équité et dans la pensée du testateur, cette charge était attachée à l'héritage, et par conséquent subordonnée à sa possession, nous leur dirons encore : vous qui recherchez les intentions non exprimées, et qui voulez qu'elles soient religieusement suivies lorsqu'elles se trouvent favorables à la cause que vous défendez, dites-nous ce qui ressort le plus dans un testament en général? N'est-ce pas la volonté de gratifier l'héritier principal, les légataires particuliers n'étant ordinairement que secondaires dans les vues du testateur comme dans ses dispositions écrites? Ainsi, si l'oncle de M. de M. avait deux cent mille francs quittes de dettes, lorsqu'il fit son testament, comme nous l'avons établi en principe; si les legs qui figurent dans ce testament s'élèvent par exemple à cinquante mille francs, il est bien clair que son intention, celle qui domine toutes les autres, était que son neveu eût de lui cent cinquante mille francs, soit qu'il pensât qu'ils lui étaient nécessaires pour l'aider à soutenir la famille dont il devait un jour être le chef, car il est à remarquer qu'en 1786, époque où le testament fut fait, l'esprit de famille existait encore en France ; soit qu'il n'eût d'autres motifs que l'attachement qu'il lui portait ; nul doute donc, que l'oncle de M. de M., s'il avait prévu que son héritage après avoir passé par le feu dévorant de la révolution, ne pourrait parvenir à son neveu qu'après avoir subi encore une nouvelle épreuve dans le creuzet où la loi du 27 avril a été élaborée, où cet héritage qui consistait en beaux effets immobiliers, a été transformé en une chétive indemnité ; indemnité que menacent et que doivent *travailler* encore M. le Directeur des domaines dans ses bureaux, M. le Préfet *en conseil de préfecture*, et en dernière *analyse* la commission dans le sein de laquelle elle sera peut être réduite à bien peu de chose ; nul doute, disons-nous, que l'oncle de M. de M. ne se fût abstenu de faire des libéralités, dont les légataires particuliers ont été l'objet ; faudrait-il donc pour cela dèshériter ces légataires ? Nous ne le pensons pas.

Que nos contradicteurs veuillent bien se pénétrer encore de cette vérité, c'est qu'aux yeux de la conscience, et qu'ils ne perdent jamais de vue que c'est sous ce rapport que nous envisageons maintenant la question, dans les transactions qui s'opèrent chaque jour et dans les engagemens n'importe de quelle nature que l'on contracte, l'obligation de donner, d'échanger ou de rendre, ne consiste pas dans l'acte qui a été passé, dans la lettre de change qui a été consentie ou dans le billet qui a été souscrit ; mais dans la promesse qui nécessairement à dû précéder ces différens engagemens ; c'est donc lorsque celui qui emprunte promet verbalement de payer, qu'il s'engage réellement envers son créancier, envers l'honneur et envers lui-même, et non lorsqu'il signe un écrit qui n'est au fond qu'une garantie que le débiteur donne au créancier en cas de mort ou dans celui où il viendrait à manquer à sa parole ; soutenir le contraire serait, que l'on y prenne bien garde, avancer que la créance gît toute entière dans cet écrit qui la constate mais ne la constitue pas. L'on sent combien serait contraire à la morale, une opinion qui dispenserait du paiement le débiteur à qui on ne pourrait représenter le titre qu'il aurait fourni, parce qu'il aurait été à dire ou lacéré, etc. etc. Nous ne presserons pas la conséquence de cet argument que nous ne présentons, au reste, que pour faire voir combien la position de M. de M. est moins délicate envers les créanciers que celle de l'émigré qui aurait lui-même contracté la dette, et pour prouver qu'en offrant le paiement proportionnel à ceux de son oncle qui ont encouru la prescription, il fait tout ce qu'il est possible d'exiger de lui avec justice.

Mais la prescription, s'écrient encore nos adversaires, a toujours été regardée comme un moyen odieux; pensez-vous réellement, leur dirons-nous, que cette règle ne puisse jamais souffrir d'exception? Si par exemple il était en votre connaissance que votre père ou votre bienfaiteur eussent été contraints, sous peine de la vie, de souscrire une lettre de change; pensez-vous dans le cas où le guet-à-pan n'eût pas été prouvé et où cependant celui qui l'aurait commis ne s'étant pas présenté du vivant de la personne dont vous auriez hérité, eût laissé écouler, sans réclamer, trente années; pensez-vous que la préscription que vous invoqueriez vraisemblablement alors pour vous soustraire à un paiement aussi injuste, dût être considérée comme un moyen odieux? Ne diriez-vous pas alors avec le trop célèbre philosophe de Florence : « la fin justifie les moyens. »

Qu'il nous soit permis de faire encore une autre supposition et d'adresser à nos adversaires une seconde interpellation; vous avez accepté la procuration de quelqu'un pour le compte de qui vous allez recueillir outre-mer une succession; les mœurs, les usages, les coutumes et la législation des habitans de ces contrées lointaines, vous sont également inconnus; cependant il est entendu que vous recueillerez la succession avec ses bénéfices et ses charges, selon que les uns et les autres seront réglés par les lois du pays; car, il n'est pas venu dans la pensée de celui dont vous êtes le mandataire de faire des réserves à cet égard et d'établir des exceptions; eh! bien, le hasard veut, que dans cette partie du monde aussi, des conditions soient imposées aux créanciers, et qu'une punition soit infligée à leur négligence. Croiriez-vous avoir le droit de relever de votre autorité privée, aux dépens de votre commettant, les créanciers de cette succession, de la prescription qu'ils auraient encourue? Non, sans doute, car ce serait faire les honneurs de la fortune de ce dernier, ce serait en disposer de fait; mais vous enfin dans le cas où la tutelle du fils d'un émigré vous eût été confiée, croiriez-vous pouvoir vous dispenser d'exciper de cette exception? Si vous agissiez ainsi, ne craindriez-vous pas d'avoir, à l'époque de sa majorité, à le dédommager du préjudice que vous lui auriez porté en négligeant de le faire profiter du bénéfice de la loi? La prescription dans ces hypothèses ne serait donc pas non plus un moyen odieux, puisqu'au contraire vous ne pourriez, sans être infidelle à votre mandat, vous empêcher d'en faire usage dans les intérêts de celui qui vous aurait subrogé à sa place.

Or, puisque vous admettez ces exceptions, puisque la rigueur de votre principe fléchirait dans ces cas-là, appréciez également celui où se trouvent les Emigrés, et montrez-vous aussi juste envers eux que vous le seriez envers vous-même; et d'ailleurs, dites vous, et dites vous une fois pour toutes, que telle loi qui a été rendue, telle sentence qui a été prononcée, tel principe qui a été posé, enfin telle maxime qui a été reçue, qui, répandus dans l'opinion, ont été adoptés par elle et sont passés ensuite dans le langage populaire, où ils sont restés, ayant tous eu pour objet particulier et quelquefois spécial, une ou plusieurs choses, ne peuvent être justement appliqués à d'autres. L'anathème lancé contre la prescription ne peut donc s'entendre que des espèces où l'on pouvait l'invoquer lorsqu'il a été prononcé, et nullement de celle où se trouvent maintenant les Emigrés et leurs ayant-droit, qui n'était pas connue alors et ne pouvait être prévue. Ainsi, non-seulement les Emigrés ou leurs héritiers peuvent, mais encore ils doivent, par les motifs que nous avons exprimés dans le 2.e chapitre de cet écrit, se servir, de la manière dont nous l'avons fait connaître dans ce 2.e chapitre et dans le suivant, de la prescription, comme d'un moyen que le législateur leur a ménagé pour contrebalancer, pour neutraliser une partie des désavantages que la loi du 27 avril leur présente.

Si, contre toute vraisemblance, malgré les puissantes raisons qui militent pour l'opinion que nous avons développée, et nonobstant les preuves qui surabondent dans la cause dont nous avons embrassé la défense, il sortait néanmoins du sein de cette session une disposition législative qui vînt modifier ou expliquer dans un sens opposé à notre conviction la loi que nous venons d'examiner, comme cette nouvelle disposition, provoquée par l'initiative royale, aurait aussi reçu sa sanction, et que dans notre religion politique nous tenons pour article de foi que l'autorité tutélaire des Rois venue d'en haut est une émanation directe de celle de Dieu même; nous dirions, après avoir soumis à la décision souveraine jusqu'à notre raison; nous dirions, en nous inclinant devant cet acte de la volonté du Monarque: les voies des gouvernemens légitimes sont inconnues comme celles de la Providence, qu'ils représentent sur la terre.

FIN.

ERRATA.

PAGES 10, ligne 8.e, *au lieu de* : et abandonne, *lisez* : et en abandonne, etc.

10, ligne 12.e, *au lieu de :* les refuges, *lisez :* ces refuges.

12, ligne 25.e, *au lieu de :* que vous tirez, *lisez :* que vous en tirez.

13, ligne 29, *après* : présentés, *ajoutez :* en temps utile.

23, avant-dernière ligne, *après :* réglementaire, *ajoutez :* que.

39, ligne 14, *au lieu de* : que le furent, *lisez* : que ne le furent.

42, ligne 3, *au lieu de* : coûte, *lisez* : coûta.

53, ligne 2, *au lieu de* : chacun, *lisez* : chacune.

55, dernière ligne, *au lieu de :* 33, *lisez :* 28.

60, 22.e ligne, *au lieu de* : des condamnés, *lisez* : et des condamnés.

65, 24.e ligne, *au lieu de* : temporel, *lisez* : temporaire. Page *idem*, ligne *idem*, *au lieu de* : temporel, *lisez encore* : temporaire.

66, 5.e ligne, *au lieu de* : tous, *lisez* : tout.

68, avant-dernière ligne : de service rendu, *lisez* : service à rendre.

69, 16.e ligne, *au lieu de* : en quelque main, *lisez* : en quelle main.

id., 25 et 26.e ligne, *au lieu de* : qui auraient, *lisez* : qu'auraient.

71, 15.e ligne, *au lieu de* : loyalement, *lisez* : légalement.

id., 20.e ligne, *au lieu de* : abandon loyal, *lisez* : abandon légal.

id., 21.e ligne, *au lieu de* : daignent, *lisez* : daignèrent.

id., dernière ligne, *au lieu de* ; à ceux, *lisez* : à eux.

75, 12.e ligne, *au lieu de* : recommença, *lisez* : recommence.

77, 19.e ligne, *au lieu de* : d'obligations, *lisez* obligations.

83, 26.e ligne, *au lieu de* : d'objections, *lisez*, d'abjections.

id., 30.e ligne, *au lieu de* : avaient donné dans le monde, *lisez* : avaient dans le monde.

id., 31.e ligne, *au lieu de* : le rang, *lisez* : ce rang.

85, 25.e ligne, *au lieu de* : les créanciers, *lisez* : ces créanciers.

86, 26.e ligne, *au lieu de* : nous devons, *lisez* : nous devions.

87, 19.e ligne, *au lieu de* : et dont le gouvernement, *lisez* : dont le gouvernement.

88, 5.e ligne, *au lieu de* : conclure, *lisez* : concevoir.

id., 27.e ligne, *au lieu de* : la somme, *lisez* : la dette.

89, 3.e ligne, *au lieu de* : soutenu de bonne foi, *lisez* : être soutenu de bonne foi.

96, 12.e ligne, *au lieu de* : l'antique maison, *lisez* : l'antique manoir.

id., 13.e ligne, *au lieu de* : ce champ qui devait le nourrir, *lisez* : ce champ qui dut le nourrir.

id., 21.e ligne, *au lieu de* : on demande, *lisez* : et nous demandons.

PAGES 90, 23.e ligne, *au lieu de* : élève et abaisse, *lisez* : élève ou abaisse.

id., 4.e ligne, *au lieu de* : perte attractive, *lisez* : force attractive.

id., 14.e ligne, *au lieu de* : et puisque, *lisez* : or, puisque.

id., 28.e ligne, *au lieu de* : ne délaissât, *lisez* : en délaissât.

92, 14.e ligne, *au lieu de* : en mille, outre, *lisez* : mille autres.

id., 15.e ligne, *au lieu de* : elle n'en emporterait, *lisez* : n'en emporterait.

id., 32.e ligne, *au lieu de* : qui lui restait et dédommager, *lisez* : qui lui resterait à dédommager, etc.

94, 15. ligne, *au lieu de* : la succession, *lisez* : les successions.

id., 20.e ligne, *au lieu de* : disposition, *lisez* : position.

95, 15.e ligne, *au lieu de* : qu'il n'a point, *lisez* : qu'il n'y a point.

96, 29.e ligne, *au lieu de* : les offres, *lisez* : ces offres.

101, 21.e ligne, *au lieu de* : ne pouvait, *lisez* : ne pourrait.

103, 6.e ligne, *au lieu de* : il croit, *lisez* : il croira.

id., 21.e ligne, *au lieu de* : des libéralités, *lisez* : les libéralités.

104, 15.e ligne, *au lieu de* : à dire, *lisez* : adiré.

id. 29.e ligne, *au lieu de* : en votre connaissance, *lisez* : à votre connaissance.

107, 9.e ligne, *au lieu de* : cette session, *lisez* : de la prochaine session.

www.ingramcontent.com/pod-product-compliance
Lightning Source LLC
Chambersburg PA
CBHW071513200326
41519CB00019B/5923

* 9 7 8 2 0 1 3 7 3 0 7 8 5 *